북창의 달

북창의 달

초판인쇄 | 2024년 11월 20일 **저자** | 안현근 **펴낸이** | 김영태
펴낸 곳 | 도서출판 한비CO **출판등록** | 2017년 1월 16일 제 25100-2006-1호
주소 | 41967 대구시 중구 관덕정길 13-13 미래빌딩 3층 301호
전화 | 053)252-0155 **팩스** | 053)252-0156 **이메일** | kyt4038@hanmail.net
홈페이지 | http://hanbimh.co.kr

ISBN 979-11-6487-149-0 04810
ISBN 978-89-93214-14-7(세트)
값 15,000원

*잘못된 책은 교환해 드립니다.
*저자와의 협의로 인지는 생략합니다.
*한국예술인복지재단의 도움을 받았기에 여기에 고마움을 표합니다.

북창의 달

안현근

시/인/의/ 말

낙엽 한 장 추가다.
쓰레기 하나 추가다 라고 하고 싶지만 그러기에는 내 인생이 너무 불쌍하다.
시 한수 한수를 남에게 읽히지 못하고 스러져 사라져 간 풀잎에 비유한 적이 있다.
서점에 가면 시집과 동양고전, 서양철학 쪽으로 간다.
동양고전과 서양 철학책은 이름을 들어본 책을 주로 손에 든다.
시집은 손에 잡히는 책부터 책장을 주루루 넘긴다.
그 중 한 단원, 한 문장만 맘에 들어도 그 시집을 산다.
어떤 손님은 앉아서 그 구절을 옮겨 쓰거나 휴대폰으로 찍는 사람도 있지만
나는 산다. 안사면 자꾸 생각이 나서 안 된다.
집에 와서는 여기 저기 몇 군데 읽어 보고 끌리면 계속 읽고 아니면 덮어 둔다.
책꽂이에 꽂히는 순간 그 시집은 언제 다시 뽑을지 알 수 없다.

책을 쓴 사람에게는 많이 미안하지만 읽지도 않으면서 보관만 한다.
그러다가 어쩌다가 어디선가 누가 언급하면 찾아본다.
나는 그 시집을 쓰레기 취급하고 있는 건가.
그러나 생각하라. 나는 그 시집을 내 노동과 시간을 투자해서 번 돈으로 샀다.
나의 시집은 틀림없이 팔리는 것은 없을 것이다. 나라고 해도 안 산다.
슬퍼요. 건전한 청소년이 쓴 시 같아. 곱다. 그 정도 평을 들었다.
나는? 나 스스로는 습작 수준이라고 생각한다. 시를 쓰기 위한 초벌 메모 수준이다.
이런 글을 책으로 내는 것은 독자들에게 죄 짓는 것이다.
죄 짓기 싫지만 나는 나이가 많이 들어 내가 쓴 글을 책으로 만들어 놓고 싶었다.
좀 잘 쓰고 싶었지만 그것이 내 한계다.
어설프고 엉성한 문장이나 문맥, 생각들은 독자들께서 아실 것이다.
그것으로 만족한다. 잘못된 시의 예시로 쓰일 것을 겁나하지는 않는다.
나는 퇴고를 싫어했고 다듬는 것을 싫어했다.
퇴고를 잘해야 한다는 소리를 들었다. 그러나 퇴고는 아무나 하나. 그냥 출판사로 보내곤 했다.
시에 대한 예의가 아니고 독자나 출판사에 대한 예의도 아닌 것으로 알고 있지만
나는 시 보다는 다른 인생에 시간을 많이 쓰고 살았다.
나무씨앗이 발아 하고 나무가 자라고 어느 연도에 나는 나뭇잎으로 돌아나서
한 계절 한 계절을 살았고 왜인지는 모르지만 떨어질

때가 되었다.
빨간지 노란지 이쁜지 단풍이 들었는지 모른다. 계절의 바람에 떨어지고
세월의 바람에 날려서 어디론가 날아가고 굴러 가다가 어디인지 모를 곳에서
아무도 모르게 없어질 것이다.
여러분의 시나 작품들은 오래 오래 읽히고 보관되고 회자되기를 빈다.
나는 한 세상 살아 낸 떨어지는 낙엽만 되어도 만족이다.
그래서 억지로 말한다.
낙엽 한 장 떨어지오.
이 가을에.

안현근

2024-10-17 오후 7:37

목/차

1부
내 향기가 좋다 하지 말고

눈이 오면 눈이 온다고 하고
바람이 불면 바람이 분다고
말할 사람이 있으면 좋겠다

꽃 1_16
소녀 1_17
작은 불빛_18
어머니 생신 날_19
소녀 2_20
풀잎_21
목련 1_22
흰 구름_23
눈이 올 때 _24
산길에 지게 내려놓고_25
목련 2_26
거울 3_27
거울 2_28
검은 하늘 아래_29
그대_30
보라색 도라지 꽃_31
오후 산행_32
꽃2_33
북창의 달_34

2부
하늘 따라 밖으로 나가고 싶다

흰 구름은
연못과 잠자리의 장난을
알고 있을까.

소녀와 詩_36
흐르는 세월_37
진달래_38
봄바람_39
잠자리_40
밤송이_41
꽃이 피었던 자리_42
별은 떴고_43
지는 해_44
커피_45
단 한 번이라도_46
혼자 피는 꽃_47
산다는 것_48
담쟁이 1_49
사랑을 위하여_50
귀뚜라미_51
낙엽 1_52
돌쇠_53
냄비_54

3부
저 건너 불빛은 아름답다

영원은 찰나이므로
결코 지루하지 않고
못 참을 정도로 오래지는 않을 것이다.

봄날 서경_56
변기_57
청자_58
먼 산_59
감_60
새 1_61
소나무_62
불빛_63
산다는 것_64
떡 방앗간_65
전봇대와 담쟁이_66
새 2_69
초경(初景)_70
빈 들_71
암자에서_72
오월의 서정(抒情)_73
불사(不死)_74
그림자 1_75
빛_76

4부
흰 구름만 한가한 빈 들녘

밤은 별을 품어서 아름답고
땅은 꽃을 품어서 아름답고
너는 꿈을 품어서 아름답다.

바위_78
감자_79
낙엽 2_80
눈물_81
아름다움에 대한 논고_82
말에 대한 논고_83
사월의 신_84
너의 그 괴로운 사랑보다_85
낙엽 3_86
발자국 2_87
들국화_88
독버섯_89
시멘트벽_90
저녁노을 아래 쇠죽 끓이며_91
봄눈_92
꽃 3_93
그림자 2_94
시계_95
풀과 사람_96
5월의 서정(抒情) 2_97

5부
그림자도 만들어 보고

걸을 수 있을 때 또 일어나 걷자
왜 걸었냐고 묻지 마라
걸을 수 있으니까 걷는 거다

빈 가지_100
그리운 것은_101
노래하세요_103
이 길은_104
유리와 빛_105
낙엽 이야기_106
빛 구멍_107
아 반푼이들_108
닭_109
망치_110
이불_111
결혼반지_112
깨진 그릇_113
걸을 수 있을 때_114
귀가(歸家)_115
인생을 끝내고_116
인생이란_117
과객_118
봄 색시_119

6부
모두가 쓸쓸히 나를 스치는데

**이제 집으로 돌아가야지
흰머리 찬란히 떠날 준비를 하고
백수를 흔들며 먼 우주를 쳐다보고 있다**

자고 나니_122
짙은 봄날 고향 산천_123
실개천_124
솔개_125
가을 길 서정_126
낙엽 4_127
눈이 오는데_128
구름 1_129
벚꽃_130
낙엽 떨어지는 인생길_131
상처를 안고 사는 슬픔_132
담쟁이 2_133
억새 1_134
열매_135
주름산_137
시와 호수의 봄날_138
찔레_139
지리산 천왕봉에서_140
꽃이 피면_141

7부
사라져 버린 전설과 이름들

겨울이 오고 찬바람이 불면
꽃 떨어지고 해 떨어지고
우리도 떨어진답니다.

늦매미_144
빈 둥지 남기고_145
세상_146
떠나가리_147
목련 목_148
구름 2_149
나목이 되다_150
가을이 가기 전에_151
억새 2_153
가지枝_154
이것은 나의 커피이다_155
염라대왕과 나_157
약속_159
외롭다는 것_161
행복이나 기쁨이_163
오늘_165
해우소_166

*작품해설(김영태)-168

1부
내 향기가 좋다 하지 말고

눈이 오면 눈이 온다고 하고
바람이 불면 바람이 분다고
말할 사람이 있으면 좋겠다

꽃 1

꽃은 피지 않아도 꽃입니다.
내가 꽃이라고 알고 있으니까요.
1년이고 2년이고 3년이고 피지 않아도 꽃입니다.
내가 꽃이라고 생각하고 있으니까요.

꽃은 피지 않아도 꽃입니다.
내가 꽃이라고 알고 있으니까요.
수만 개의 새싹 중 1개만 살아 있어도 꽃입니다.
그 자신도 자기를 꽃이라고 알고 있으니까요.

꽃은 피지 않아도 꽃입니다.
내가 꽃이라고 알고 있으니까요.
구부러지고 가늘고 자라지 못해도 꽃입니다.
내가 그가 꽃이라는 것을 알고 있으니까요.

언젠가는 꽃이 필 것입니다.
나는 꽃을 꽃이라고 말하며 꽃을 가꿉니다.
그러나 나는 꽃이 피지 않아도 꽃이라고 말합니다.
꽃은 피지 않아도 꽃입니다.

소녀 1

혼자서 나무에 기대어
나무에 볼을 대고 웃고 있는
소녀는 슬픕니다.

소녀는 웃고 있지요.
카메라를 보고 웃고 있습니다.

옆에는 아무도 없습니다.
소녀는 휠체어에 앉아 있습니다.
사진을 찍고는 나도 떠날 것입니다.

혼자서 나무에 기대어
나무에 볼을 대고 웃고 있는
소녀는 슬픕니다.

소녀는 혼자 남습니다.
낙엽 지는 찬바람 속에요.

작은 불빛

불빛이 아무리 작다고 하여도
어둠은 힘없이 밀려 나거니와
불빛이 어둠을 두려워 하리요.

어둠이 아무리 크다고 하여도
불빛에 저항 없이 사라지거니와
어둠을 불빛이 무서워 하리요.

어둠이 밀려 나는 것은 불빛 때문이요
바람 때문이 아닌 것이요
어둠이 흔들리는 것은 불빛 때문이요
바람 때문이 아닌 것이요.

어둠이 클수록 불빛은 더욱 빛나오
바람이 셀수록 불빛은 더욱 커지오.
새벽이 지나면
불타는 아침 해가 솟으리니
어둠이 크다 하여도
바람이 세다 하여도
작은 불빛은 세상에 길을 밝히리라.

어머니 생신날

흰 눈이 어둠속을 타고 내리는
깊은 동짓달 어머니 생신날에는
우리 산골 집 봉당에는
전국에서 모인 아이들의 신발이 벗겨져
어지러이 가득히 놓여 있었다.

방안에서는 불빛과 이야기와
음식과 정이 가득히 익어 가는데
봉당의 신발들에는
흰 눈이 두터이 쌓여가고 있었다.

마당 귀퉁이 변소라도 가려고 문을 열면
온기와 불빛과 이야기가 같이 따라 나오고
잠시 맨발로 흰 눈을 밟고 서서
신발을 찾아 눈을 탁탁 털어서 신는다.

눈바람 들어가는 문을 얼른 닫고 봉당을 내려서면
신발 속 남은 눈이 차갑게 녹으며 눈물이 되었다.
어둡고 차갑고 하얀 고향집 하늘을 쳐다보며
별빛 대신 내리는 눈송이를 세어 보았다.

소녀 2

꽃망울이 깰까봐
차마 떨어지지 못하는 이슬처럼

이슬이 떨어질까 봐
차마 꽃망울을 터뜨리지 못하는 꽃봉오리처럼

이슬 떨어지고 꽃망울 깰까봐
차마 지나가지 못하는 봄바람의 떨림처럼

풀잎

풀잎들의 이야기들을 들어 본적이 있는가
그들은 서로의 각자의 이름들을 부른다.

빗방울들의 이야기를 들어 본적이 있는가
그들은 서로의 이름들을 부른다.

저 풀잎들에게도 모두 각자의 이름이 있다
저 물방울에게도 모두 각자의 이름이 있다.

그들의 이름들을 물어보자.
누가 무슨 뜻으로 그들의 이름을 지었는지 물어 보자.

그들의 각자의 이름을 불러보자.
그들의 이름을 불러 그들의 이야기를 들어보자.

목련 1

오늘 한번 화사히 더운 후
내일 바람에 떨어질 것을
목련은 또 부풀어 커지고 있다.

희부연 외로움과 바람의 질투에
검은 멍이 들어 나뒹굴 것을
열매 하나 없이 짧은 봄을 보낼 것을.

그래도 꽃이라도 피어라
삶이란 꽃피는 과정이지
열매가 아니란 것을 알지 않느냐.

흰 구름

저기 저 산 위에 뜬 흰 구름은
무엇이 좋아서 저렇게 환할까
무엇이 기뻐서 저렇게 가볍게 날고 있을까.

저 산 너머에
좋아하는 연못이 마주 보고 있을까
찾아 헤매던 그 무엇인가 잘 있는 것을 보았을까.

나는 아무것도 좋아할 일도 기뻐할 일도 없지만
구름이 저렇게 즐거워하고 있으니
나의 슬픔을 차마 말하지 못하겠구나.

눈이 올 때

눈이 오면 눈이 온다고 하고
바람이 불면 바람이 분다고
말할 사람이 있으면 좋겠다

비가 오면 같이 맞고
안개 끼면 같이 걷고
손 스칠 사람 있으면 좋겠다

꽃이 피지 않아도
새소리가 없어도
같이 기다리고

해가 뜨고
별이 떠도
같이 쳐다 볼 사람 있으면 좋겠다

비록 같이 있어도
쓸쓸한 웃음 밖에 짓지 못하더라도

산길에 지게 내려놓고

새소리는 들리는데
새는 보이지 않고

꽃향기는 은은한데
꽃은 숨어서 나오지 않네

햇빛은 가지 사이로 들어와
물결 속에서 흘러 가는데

그늘 바람이 마중 나와
땀 식히며 말 걸어오네

발등을 타고 오른 개미 한 마리
열심히 깨물어 보고는 갈 길을 찾으니

내 있을 곳 여기인가
괜히 발걸음 재촉한다

목련 2

빛나는 하늘 끝 저 어딘가에
자기의 고향이 있다고
해마다 목련은 껍질을 깨고
새하얀 꽃을 피워 날려 보내려고 한다

어미의 지극한 갈망으로 날고 싶지만
새 하얗게 날개 펴고 학처럼 꾸몄지만
바람 불어 올 때를 기다려
날아오르고 싶었지만
올해도 어김없이
곤두박질 쳐서
상처 입고 멍들어서 팽개쳐져 뒹굴고 있다

목련의 꿈은 언제나 이루어 질 것인가
목련은 내년을 기원하며
다시 푸른 잎을 돋우고 있다

거울 3

어찌 거울을 탓하리요
내가 그런 것을
내 배경이 그런 것을

어찌 나를 탓하리요
거울이 휘어져 있는 것을
거울이 깨어져 있는 것을

거울이 반듯 하면
나를 이리 저리 비춰 볼 것이요
거울이 휘어져 있으면
내 마음을 똑바로 할 것이다

거울이 깨어져 있으면
거울을 주워 맞출 것이다
반듯하게 비추이게 맞출 것이다

거울 2

아무것도 받아들이지 않고
무조건 모조리 반사했는데
안에 이미 들어가 있다
왜 세상은 뜻대로 안되고 거꾸로 되는가

무엇이든 거부하지 않고
무작정 싸그리 빨아 들였는데
안에든 바깥에든 그림자 하나 없다
왜 거꾸로만 되고 뜻대로 안되는 세상인가

검은 하늘 아래

하얀 날개 팔랑 팔랑
어두운 빌딩숲 사이에 나비 한 마리

아무렇게나 방향을 잡으며
종이쪽 날리듯 날고 있다

비틀 비틀 빙글 빙글
취하듯 춤을 추며 날갯짓 한다

짝을 지어 서로가 마주 보며
아래 위 자리 바꾸며 돌아야 하는데

혼자인가

지나가는 보랏빛 우산을
오르고 내리며 따라 가다가 이내 돌아 난다

짝도 아니고 꽃도 아닌가

그리고는 나비도 우산도 없다
잔상만 내 기억에 있다

그대

나는 늙더라도 그쪽은 늙지 말아야지요
내 늙어 늙어 결국 죽어 저쪽 세상 가면
참으로 예뻤던 당신을 만났다고 쓸건데

그쪽도 나처럼 늙어 가오면 저세상에서
나는 그대를 무엇이라고 쓰란 말인가요
오직 이 세상에서 그대 만난 보람뿐인걸

그 보람 마음 아파 차마 보기 힘들구려
그렇더라도 저 세상 가면 기록해 두리라
그대는 이 세상에서 가장 아름다웠다고

보라색 도라지 꽃

산속에 혼자 피어 있는
보라색 도라지 꽃

내가 죽고 난 후 나는
내가 죽었다는 것을 알 수 있을까

벌 한 마리 날더니
백도라지 속으로 기어 들어가네

보라색 도라지가
백도라지 보다 못한가

내가 깨어난 후 나는
내가 깨어났다는 것을 알 수 있을까

저 나그네 나타나
도라지 지나쳐 산삼 찾아 가는구나

깊은 산속 도라지가
빨간 대가리 산삼 보다 못한가

깊은 산속 혼자 핀
눈부신 백도라지 꽃

오후 산행

푸른 하늘에 구름 떠가고
꽃 떨어지는 산길에 나그네 고달픈데
샘물 숨어 솟는 어두운 골짜기
깊고 깊어 찾을 길도 험하구나

지는 해에 바람은 스산한데
잎 흔들리는 숲속에 발걸음 느려진다
폭포 물에 지쳤나 산새 울음
높고 높은 봉우리 올라타 앉아

뜨는 달에 정신은 몽롱하고
길 못찾는 깊은 밤길 어찌해 내려갈꼬
별빛 따라 물소리 따라 나뒹굴어
넓고 넓은 평야들에 드러눕도다

꽃 2

나를 예쁘다 하지 말고
나를 아름답다 하지 마세요.

내 향기가 좋다 하지 말고
나를 사랑한다 하지 마세요.

나에게 꽃이라 이름 붙이지 마세요.
나를 노래하지 말고 시 짓지 마세요.

당신의 정원도 싫습니다.
당신의 사랑도 싫습니다.

고상하고 예쁘다고 생각하는 당신
우리에게는 괴물일 뿐입니다.

내 목을 자르지 마세요.
우리 살던 그 산천에 그대로 두세요.

북창의 달

높게 난 작은 창으로 찾아오는 나의 달이여.
구름 사이로 좀 일그러진
노랗고 아름다운 나의 달이여.

작은 북창으로 구름에 가려 누추하게
자정이 넘은 밤중에
나의 방바닥을 만져보고는
힘없이 멀어져 가는 나의 달이여.

기다리고 있을테니
작은 창으로 오지 말고 큰 정문 창으로 오시오.
눈물 어리게 고운 나의 달이여.

2부
하늘 따라 밖으로 나가고 싶다.

흰 구름은
연못과 잠자리의 장난을
알고 있을까.

소녀와 詩

소녀는 내게 묻습니다.
이 詩를 사람들은 알고 있나요?
몰라. 말하지 않았어. 왜?

좋은 일 같아서요.
내가 꽃다발을 선사하게 해주세요.

나는 그럴 필요가 없다고 했습니다.

나는 압니다. 그래서 소녀에게 말합니다.
詩는 먹지도 못하고 입지도 못하고
아무짝에도 쓸모도 없어.

모두 헛소리이고 넋두리이고…
웃기지…

나는 나보다 소녀가 더 눈물겹습니다.

흐르는 세월

흐르는 세월은 나의 희망이다.
흐르는 세월을 확인 하면서 나는 안도한다.

이 인생이
모두의 목적지이며 종착역인 그 곳에 도착할 것이기 때문이다.
목적지 아닌 중간에서 탈락하는 것은 내 성격이 아니다.
그 곳에 도착하면 나는 사람들과 순대에 막걸리 한잔 할 것이다.
거기에서 밤을 기다려 다시 출발하는 다른 세월의 열차를 탈것이다.
좋은 사람과 좋은 풍경과 좋은 차가 얻어 걸리기를!

아, 나도 좀 쓸만한 역할을 맡기를!

진달래

내 산도 아닌 산길을 가다가
발그레 차갑고 가냘픈 진달래를 만났네.
예전 그 때 만났던 그 진달래네.

발그레 그러나 차갑게 말이 없네.
상기된 얼굴은 기쁨인지 아픔인지.
아직 차가운 봄바람에 향기가 없네.

말없이 산길에 흔들리는 진달래
발그레한 몇 송이 입에 넣고 맛을 보네.
산골 집 어린 아낙의 슬픔의 맛이네.

봄바람

창밖에 봄바람이 오면
아지랑이 하늘에 꿈이 가물거린다.
하늘 따라 밖으로 나가고 싶다.

수십 년 밖으로 나가 헤맸어도
아무도 만날 수 없었지만
그래도 겨울동안 잠든 마음을 일으켜
아지랑이 따라 밖으로 나가고 싶다.

창밖에 봄바람이 오면
저 밖에 아무도 없는 줄 알지만
머리 감고 목욕하고 옷 갈아입고
봄바람 따라 밖으로 나가고 싶다.

거기에 누군가 있었으면 좋겠다.

잠자리

잠자리가
수풀속의 고요한 연못에
배치기를 한다.

연못은
동글동글 전율하며 떨다가
아쉽게 조용해진다.

흰 구름은
연못과 잠자리의 장난을
알고 있을까.

밤송이

쫙쫙 뻗은 밤송이 가시가 겁나게 아름답다.
끝날에 힘이 뻗치고 정연하게 빽빽하다.
중년의 색으로 물들었다.
가을 햇볕에 밤송이는 따악 벌어졌다.
굵고 딴딴하게 빛나는 알밤 3알이
딱 벌린 그 속에 박혀 있다.
밤알은 웅장하게 팽창해서
밤송이는 뒤집어 지고 밤알은 쏟아져 틸 지경이다.
이제 세상에 무엇이 부끄러우랴
여름 내내, 무성하고 날카로운 가시는 새침일 뿐이었다.
젊던 그 밤송이 안에는 크고 있는 밤알이 숨겨져 있었다.
초여름, 밤이고 낮이고 그 밤꽃을 피우며
질펀한 밤꽃 냄새를 부끄럼도 없이 뿜어대고 탐하다가
그 밤꽃, 탈진된 뱀가시 처럼 떨어지더니.

꽃이 피었던 자리

그 꽃이 그리워
그 언덕에 갔네.

그 꽃은 없고
그 흙도 없네.

그때는 가고
그대도 갔네.

별은 떴고

별은 떴고
어둔 하늘에 떴고.

멀리 아득히 떴고
반짝반짝 빛나며 떴고.

아기 때는 몰랐고
청춘 때에 떴고.

늙어서도 가끔 떴고
한스럽게 떴고.

영원히 만날 수 없게 떴고
애시당초 멀리 떴고.

언젠가는 만날 수 있게 떴고.
별은 떴고.

지는 해

지는 해는 왜 그렇게 아름다운지.
지는 해는 왜 그렇게 눈물나는지.
지는 해는 왜 그렇게 빨리 떨어지는지.
지는 해는 왜 그렇게 숨 가쁘게 넘어가야 하는지.
아
저 붉은 눈물 검붉은 손짓 검은 숨결.
아쉬워라 안타까워라 절박하여라.
지는 해는 왜 그렇게 저야만 하는지.
어머니 어머니 어머니
저 반대쪽 그쪽에 계실거라고 믿는 것으로는 너무 슬퍼요.
아
왜 저야 하는지.

커피

커피를 마시자.
달콤하고 자극적인 커피를 마시자.
아픈 몸이 낫고 정신이 살아난다.
오래된 사기 커피 잔에.
겉은 이쁜 꽃무늬, 속은 하얀, 도톰하고 깊은.
달콤함을 뜨겁게 담아 주는 사기 커피 잔.

항암제이며 피로 추방제인 커피를 마시자.
온몸이 피어나고 정신이 깨어 오른다.
따뜻한 갈색 커피를 마시자.
다 먹은 커피 잔은 꼬옥 쥐고 있자.
참 따뜻하지 않은가 꼬옥 감싸 쥐고 있자.
식으면 무심히 내려놓을 사기 커피 잔.

단 한 번이라도

단 한 번이라도 누군가
당신을 도운 적이 있다면.

단 한 번이라도 누군가
당신을 좋아한 적이 있다면.
당신을 좋게 말한 적이 있다면.

단 한 번이라도 누군가
당신을 마음에 둔 적이 있다면.

당신에게 어머니가 있다면.
당신에게 아버지가 있다면.

당신에게 그들이 있었다면.
당신은 세상을 사랑할 자격이 있다.

누군가 나를 사랑했듯이
당신도 세상을 사랑해야 한다.

단 한 번이라도 당신이
누군가를 싫어한 적이 있다면, 누군가가
당신을 싫어해도 받아들여라.

혼자 피는 꽃

꽃이 있다.
혼자 꽃이 핀다.

외딴 골짜기
아무도 없는 골짜기

봄바람 혼자 맞고
햇볕도 혼자 쳐다본다.

꽃이 있다.
혼자 꽃이 핀다.

먼 골짜기
아무도 오지 않는 골짜기

이슬 혼자 맞고
별빛 달빛도 혼자 쳐다본다.

꽃이 있다.
혼자 꽃이 핀다.

올 이 없고
보아줄 이 없는데

새벽 일찍
일어나 예쁘게 혼자 피어 있다.

산다는 것

산다는 것이 선善이면
죽이는 것이 선이다.
산다는 것은 죽이는 것이기 때문이다.

오늘도 선을 위해
얼마나 많은
생명과 그들의 시체를 먹었는가.

죽이는 것이 악惡이면
산다는 것이 악이다.
악을 행함으로써만 살아 있는 것이다.

죽는 자여
너는 얼마나 많은 타他의 생명과 시체를
먹었는지 생각하라.

죽이는 자여
죽는 자가 타의 생명과 시체를 먹었다고 해서
너가 위로를 받겠느냐?

사는 자여
생각하라.
너가 먹은 생명과 그들의 시체를.

담쟁이 1

지는 해에 빛을 받아
잎이 빨갛게 투명하게 빛나고 있다.
스치는 늦가을 찬 바람에
파르르 파르르 떨고 있다.
내가 너를 아름답고 이쁘다고 말해주마.
그래, 굵고 쭉 쭉 뻗은 줄기가 없으면 어떠니
시원 시원하게 늘어진 가지가 없으면 어떠니.
너는 아름답고 이쁘다.

불어대는 추운 겨울바람에
어디로 떠났는지 잎은 사라져 없다.
흩뿌리는 진눈깨비에
보이지도 않는 줄기만 붙어있다.

내가 너를 기억해 주마.
그리고 불어오는 바람에게 지나는 사람에게
이야기 해주마.
여기 아름답고 이쁜 작은 담쟁이 잎이 있었다고.

사랑을 위하여

저 멀리 골목에서
들려오는
행상 아주머니의
기나긴 외침.
돌아가면
먹을 걸 기다리는
아이 둘이 있다는 소리.

저 멀리 길 건너
들려오는
집 짓는 아저씨의
뚝딱거리는 망치소리.
돌아가면
자기를 기다리는 마누라와
몸 아픈 어머이 있다는 소리.

저 멀리 골목 끝
들려오는
귀 쫑긋 기다리던
반가운 발자국 소리.
사랑을 위하여 나갔다가
사랑을 위하여 돌아오는
온 종일 기다리던 발자국 소리.
저 소리 소리에 사랑이 있다는 소리.

귀뚜라미

귀뚜라미 비명처럼
밤새 들린다.
아픔이 있고 절망이 있고
달램이 있다.

사랑의 노래라고 칭하지 말라.
긴 긴 옛날부터
내려오는 아픔이거늘.

오늘밤도 가을바람을 맞아
생의 상처가 쓰라리고 쓰라려
밤새 울고 울고
아무도 들어주지 않는 비명을 지른다.
온 가족이 온 종족이
비명을 지른다.

사랑하는 그와 둘이.

사랑의 노래라고 행복의 노래라고
칭하지 말라.

낙엽 1

떠나는 것도 떳떳치 못하여
겨울 비 내리는 밤에 떠납니다.
아무도 보아 주는 이 없는 밤에 떠납니다.
바람에게 말하기도 어려워
혼자 떠납니다.

단풍 들기도 미안하여
누가 볼까 부끄러워하며 흙빛으로 칠 했습니다.
햇빛 보기 미안하여
숨어서 몰래 몰래 쳐다봤습니다.

꽃들이 너무 멀어
구석 진 곳에서 푸르른 척 보아 주기만 기다렸습니다.
꽃도 떨어지고 열매 떨어졌으니
혼자 있다가
혼자 있다가.
떠납니다
겨울 밤 찬 비에 젖어.

돌쇠

돌쇠야
돌 깨는 돌쐬야
네가 깨는 그 돌
부처가 될 것이니

돌쇠야
돌을 쪼는 돌쐬야
네가 쪼는 그 돌
성모가 될 것이니

돌쇠야
돌을 다듬는 돌쐬야
네가 다듬는 그 돌
만백성의 마음이 될 것이니

돌쐬야
그 돌 떠나 보낸 후
설운 어느 날
한 됫박 겉보리라도 마련해서
울어 울어 찾아 가거라.

뒷전에서
뒷전에서…
먼 발치에서
겉보리라도 놓고 절을 하려무나.

냄비

냄비에 물을 비롯하여 무엇인가 넣어 달라.
불을 붙여 달라.
뜨겁게 끓게 해 달라.

냄비는 스스로 무엇인가 집어넣을 수가 없다.
냄비는 스스로 불을 붙일 수도 없다.
알맞은 때에 불을 낮출 수도 끌 수도 없다.

누군가, 무엇인가
냄비에 무엇을 집어넣어 달라.
불을 뜨겁게 지펴 달라.
뜨겁게 끓게 해 달라.

빈 냄비로 버려두지 말라.
먼지 쌓이고 곰팡이 피고 녹슬고 차갑게 버려두지 말라.
냄비는 무엇인가 담고 뜨겁게 끓고 싶다.

어제도 오늘도 우리는 빈 냄비다.
우리는 서로에게 무엇인가 담아 주자.
서로에게 불을 지펴주어 뜨겁게 끓게 해주자.

3부
저 건너 불빛은 아름답다

영원은 찰나이므로
결코 지루하지 않고
못 참을 정도로 오래지는 않을 것이다.

봄날 서경

세월이 돌아 나가는 모퉁이 고갯길에
진달래 한 송이
허물어지는 무덤 하나

계절이 돌아 나가는 모퉁이 도랑가에
앵두꽃 한 넝쿨
무너져 내리는 빈집 하나

봄날이 돌아 나가는 모퉁이 지평선에
아지랑이 한줄기
가물거리는 꿈 하나

석양이 돌아 나가는 모퉁이 인생길에
붉은 노을 한 조각
먼 길 가는 지팡이 하나

변기

변기가 더러운가?
아니 무엇보다 깨끗하지.
더러운 건 나와 너 그 외 모든 사람들.

우리는 매일 변기를 더럽히며 살지.
그 죄를 들키지 않기 위해 물로 씻어 내리고는
시치미를 뚝 떼지.

언젠가 가능한 시기가 있어
변기를 더럽히지 않고 살 수 있는 날이 오면
그때는

살아 있는 그 모든 것을
아무것도 죽이지 않고 그 시체를 먹지 않고
살 수 있는 날이겠지.

변기는 알고 있다.
너의 더러움을.
너의 죄를.
매일 매일 짓는 너의 죄를.

청자

꽃이라도 꽂지 않으려거든
저 먼 외딴 곳 빈들에 버려 주오.
외로운 가을바람 스치며 휘파람을 불어 주고
이름 없는 들벌레들 친구 되어 노래하리라.

맹물이라도 담지 않으려거든
저 먼 외딴 곳 마른 강에 버려 주오.
이슬 맞고 안개 맞고 깊은 밤 비라도 담으면은
슬픈 들새 찾아와서 내 속의 물 먹고 가리라.

담뱃재라도 털지 않으려거든
저 먼 하늘 위 허공에 던져 주오.
영겁으로 반짝이며 춤을 추며 찬탄하겠소
먼 훗날 흙을 찾아 어린 도공이 찾아오리라.

먼 산

먼 산이 있네.
조는 듯 깬 듯 고요히 가물거리네.

먼 구름이 있네.
보일 듯 말 듯 조용히 움직이네.

먼 하늘이 있네.
산인 듯 구름인 듯 잘 보이지 않네.

먼 산 아래에
한 사람이 하늘 보며 살고 있다네.

감

빨갛게 익은 감이 서리를 맞고
이제는
새하얀 눈을 뒤집어쓰고 있는데

까마귀도 왔다가
본체만체
먼 곳만 몇 번 보다가 그냥 날아가 버리네.

잎 없는 나무는 더 줄 것도 없어서
장가 못 보낸 아들 보듯
시집 못간 딸을 보듯 일평생이 쓰라린데

눈마저 녹으면 봄이 온다오
빠지기 전에
누구라도 와서 먹어 줬으면……

새 1

빨간 저녁노을의 저쪽은
새 세상의 여명이라고

모두들 노을속의 점이 되어 가지만
나는 저쪽 세상도 여명도 싫어

힘들게 힘들게 날아 가다가
서산에 곱게 떨어져 죽는 새.

소나무

죽어도 죽은 표시를 내지 않고
죽어 가도 죽어 가는 표시를 내지 않는
푸르게
그 가시 같은
자존을
유지하고 있는

뽑혀져 던져 져도
아!
여전히 푸르고자 푸른
가시 같은 영혼

아!
썩은 세상에 뿌리 박은 슬픈 소나무여

불빛

나는 여기 어두운 창가에 홀로 있고
저 건너 불빛은 아름답다.

저 건너 불빛도 여기를 보면서
나의 불빛이 아름답다고 할까.

나는 홀로 나의 창가에 등불을 켠다
나의 불을 켠다는 것만으로도 나는 행복하다

산다는 것

외로우면 외로울 뿐 외로울 수밖에
슬프면 슬플 뿐 슬플 수밖에

괴로우면 괴로움으로 괴로움을 견디고
고통스러우면 고통으로 고통을 견딜 뿐이지만

살아 있으면 살아 있을 뿐 살아 갈 수밖에
죽어 가면 죽음으로 죽음을 견딜 뿐이지만

순간 순간이 모두 기대되고 설레이는 것은
이 모든 것이 아름다운 의미로 빛나기 때문

떡 방앗간

바람 한 점 일지 않는
일 없는 떡 방앗간

켜켜한 거미줄에
주렁주렁 먼지의 욕정

햇살줄기 힘차게 들어 와
방아질 하다가

먼지 한 알 못 일으키고
떡 되어 늘어져 있다.

전봇대와 담쟁이

사랑은 그렇게 하는 것이다.
눈 감고 하는 것이다.
더듬더듬 하는 것이다.
그것이 무엇인지 영영 알 수 없을지라도
놓치지 않고
끌어안고
도망 못 가게
붙잡아 감고
그렇게 일방적으로 끝까지 하는 것이다.
상대는
봄바람 불면 조금 풀릴 것이며
여름 햇볕이 내려쬐면 뜨거워 질 것이며
가을 낙엽이 지면 아파할 것이며
겨울눈이 덮이면 포근하게 외로울 것이다.

사랑은 그렇게 하는 것이다.
자기가 싹을 틔우고
자기가 잎을 푸르게 하고
자기가 꽃을 피우고
자기가 열매를 맺고
자기가 잎이며 열매며 빨갛게 병들며
자기가 몸만 앙상히 남아
그러나
상대를 도망 못 가게
얼싸 안고
감싸 주고

볼살 맞대고
이야기 해주고
울어 주고
웃어 주고
끝까지 일방적으로 하는 것이다.

그러나 어찌 일방적이랴.
너는 그에 기대어
의지하여
평생을
아름다운 사랑을 하지 않았느냐.
차갑고 말없고 무뚝뚝하고
그저 너의 존재를 알지도 못하는 상대에게
사랑이 꽃피게 하지 않았느냐.
사랑은 그렇게 하는 것이다.
사랑은 무조건 하는 것이다.
요모조모 계산하지 않고
네가 할 수 있으면 하는 것이다.

너 하나의 사랑만으로도
세상은 얼마나 아름다우냐.
상대에게
가슴이 뛰고
피가 흐르고
눈을 반짝이게 하라.
얼어붙은 가슴에도 봄날이 오고
돌로 된 몸뚱이에도
잎이 피고 꽃이 피게 하라.

사랑은 그렇게 하는 것이다.
사랑은 상대가 하는 것이 아니라
네가 하는 것이다.
깊은 밤
그는 숨 쉬고 너는 잠들다.
하늘에서 별이 멀리서 오고
바람 불어 잎이 떨어진다.
둘 몸에
눈이 내린다.
차갑고 어두운 밤은 외롭고 행복하다.

새 2

새는 황혼 속을 날고 있다.
새는 태초부터 날고 있다.
새는 황혼 저쪽은 저쪽 세상의 여명이라는 것을 알고 있다.

새는 황혼도 여명도 말하지 않는다.
새는 멈추지 않고 내리지 않는다.
새는 왜 날아야 하는지 어디로 가는지 말하지 않는다.

새는 황혼 속을 점이 되어 날고 있다.
새는 결코 돌아보지 않는다.
새는 노을 속을 사라져 간다.

초경(初景)

창가에 아롱아롱 봄빛이 농염하여
비몽사몽 바람 따라
끌려 나갔더니
봄바람 살랑살랑 무얼 차려 오는지.

간들간들 개울가 발가벗은 나무가
야들야들 눈부신
새 순을 내밀고
붉은 꽃잎 발랑발랑 벌리고 있다.

보들보들 털 보드라운 보들 강아지
하늘하늘 봄바람에
몸을 비틀고
졸랑졸랑 개울물은 돌 틈을 흐른다.

산들산들 노랑나비 아지랑이 타고
알랑알랑 강남제비
뒤를 쫓는데
한들한들 아낙들은 방망이질 한다.

빈 들

찬바람 불어오고 낙엽 떠나가니
나 이제 돌아갈 때가 다가왔음을 느낀다.

어디로 돌아가야 할지
아직 알지 못하고
내가 떠나온 곳조차 알 수 없으니
들판에 서서 그저 울고 있을 수밖에.

주어진 긴 계절 동안
나는 길을 알지 못하고
내가 누구인지 아직 모른다.
저 눈보라 속에 웅크리고
길을 헤매는 저 사람들도 누구인지 알 수 없다.

다만 나는 빈 들에 서서
돌아가야 할 때가 다가왔음을 느끼고 있다.

암자에서

법당에서 절을 하고
나와서 절을 하고
저 멀리 나가서 모퉁이에서
돌아보며 또 절을 하고

깊은 세상 살은 듯한
두 손 모은 할머니
멀리 떠나며 또 절을 하고.

무엇을 그토록 절절히
빌었냐 물으니
그저 웃을 뿐.

어디서 왔는지
가족은 있는지
나이가 몇인지 물으면
그저 웃을 뿐.

등에 멘 작은 바랑에
과거 인생 짊어지고
그저
마무리 인생
떠난다고 할 뿐.

오월의 서정(抒情)

모심기 끝난 들판에
초록 볏잎 출렁일 때

할 일 없는 암소는
그늘 아래 여물질 하고

농한기 왔다 농부는
맥고자 아래 낮잠인데

울어 가는 뻐꾸기 소리
지 새끼 데려 가네.

*여물질 : 되새김질 대신 썼음.

불사(不死)

죽는다는 것을 무서워하지 않을 뿐 아니라
오히려 기뻐하는 자에게
지옥을 얘기 하다.
지옥을 무서워하지 않는 자에게
영원한 지옥을 얘기하다.

영원한 지옥에 대칭되는 것은
영원한 천국인가.
지겹지 않은가 영원하다는 것은.
더구나 지금의 마음과
지금의 몸으로.

기뻐하자
끝남을.
차라리 영원히 끝남을.
혹시라도 이 많은 분자와 원자가
우주에 흩어져 떠돌다가
다시 만나
다시 내가 되고 너가 될지를.

영원은 찰나이므로
결코 지루하지 않고
못 참을 정도로 오래지는 않을 것이다.
잠에서 깨어나면
3일을 잤든
3억년을 잤든 무슨 상관인가.

그림자 1

혹시 사랑이 뒤에 왔다고 느꼈다면
뒤 돌아 보지 마십시오.
그냥 조용히 뒤따라오게 조심스럽게 가십시오.
뒤돌아보며 아는 척 하면
사랑은 도망을 갑니다.

혹시 행복이 옆에 동행한다고 느낀다면
돌아보지 마십시오.
그냥 조용히 동행하게 조심스럽게 가십시오.
돌아보며 아는 척 하면
행복은 멀어져 갑니다.

사랑과 행복은 그림자와 같아서
누구에게나 따라 다니지만
그것을 잡으려고 하면
끝도 없이 일그러지고
이리저리 피하다가 사라져 버립니다.

사랑은 수줍고 행복은 조심스럽습니다.
사랑은 내가 잠자는 옆에서
잠 깨기를 기다리고
행복은 내가 일하는 옆에서
소꿉장난을 하고 있습니다.

빛

난 너에게 빛이고 싶었다.
날 눈부셔 하지 않고
나에게 아부하지 않고
고맙다고 하지 않고
존경하지 않고
언제라도 있는 빛이고 싶었다.

네가 날 외면해도 너의 뒤에 있고 싶었다.
역광을 업은 네가
너 앞에 있는 자들에게
아름답고 신비롭고 경이롭게 보이게 하고 싶었다.
너를 쳐다보며 눈부셔 하기를 바랐다.

내가 너무 밝아서
너를 초라하게 빛바래게 하지 않는
뭘 좀 아는 빛이고 싶었다.

4부
흰 구름만 한가한 빈 들녘

밤은 별을 품어서 아름답고
땅은 꽃을 품어서 아름답고
너는 꿈을 품어서 아름답다.

바위

계단식 논에 봄물 흐르는
아늑한 골짜기
맨 위에 자리한 태고적 외딴 바위
농부 아이들 찾아올라
먼 산 바라보던

천년세월 지켜보며 비밀도 많겠지만
먼 세월 풍상에
이끼 검어 말이 없고
봄바람
살랑 올라와 머물다 잠이 든다

산천초목에만 봄이 오랴
바위 위도 봄날인데
벌 날아 지나가고
나비 날다 지나가네
바위는 말하길 붙었다 갈 때도 있었노라

감자

감자를 먹으려고 씻어서 냄비에 담았다.
잊기도 하고 미루다가 찌는 걸 못했다.
가끔 냄비를 열어 보니 싹이 돋는 것이 보였다.
몇 번 그랬다.
또 열어보니 싹이 제법 많이 자랐다.
냄비 안 깜깜한 곳에서 감자는 살고 있었다.
물만 붓고 불만 붙이는 일이 예고되어 있는데
감자는 살고 있었다.

낙엽 2

낙엽이 아스팔트 길 위를 마구 날아 굴러 갑니다.
8차선 넓은 언덕길 굽은 도로입니다.
차 2대가 쌩~하며 지나갑니다.
치이지 않았습니다.
조금 지나 또 차가 2대, 3대 마구 밀려옵니다.
낙엽은 그래도 치이지 않고 날아서 돌면서 굴러 갑니다.
저쪽 중앙 분리대 아래에 잠시 멈춥니다.
이미 많은 낙엽들이 몰려서 어쩔 줄 몰라 하고 있습니다.
두려운 모습입니다.
수없이 지나는 자동차에 또 날립니다.
이리저리 몰립니다.
하염없이 두려워 몰리고 있습니다.
어디로 갈려면 어떻게 해야 할까요.
나는 어찌 할 수가 없어 그저 보기만 합니다.

눈물

해마다 봄날이 되면
지난 겨울 흰 눈이 남기고 떠난
한줌의 눈물 자욱을 밟노라.

그토록 차갑고 결벽증 있는 흰눈이
눈물이라니.
더구나 어둡고 그늘진 곳만을
끝까지 사랑하다가
최후로 남기고 떠난 눈물이라니.

지난 겨울 차가운 흰 눈이 남기고 떠난
더구나 외지고 구석진 곳에 흘린
피땀 같은 흥건한 눈물 자욱을 밟으며
사랑 그윽한 새 봄날을 맞노라.

아름다움에 대한 논고

구름은 햇빛에 부딪혀 아름답고
파도는 바위에 부딪혀 아름답고
사람은 운명에 부딪혀 아름답다.

밤은 별을 품어서 아름답고
땅은 꽃을 품어서 아름답고
너는 꿈을 품어서 아름답다.

만남은 미소가 있어서 아름답고
미소는 사랑이 있어서 아름답고
사랑은 구원이 있어서 아름답다.

말에 대한 논고

말은 냄새와 같아서
사용하는 사람뿐만 아니라
옆에도 멀리도 다 퍼진다.

좋은 말은 향기와 같아서
당사자 아닌 옆 사람
멀리 있는 사람도 기분 좋게 하지만

나쁜 말은 악취와 같아서
당사자뿐만 아니라
옆 사람도 멀리 있는 사람도 고통스럽게 한다.

사월의 신

신은 너무나 가난하여
봄 산을 위해
이것저것 주워 모아
누더기 산을 만들었습니다

해마다 보릿고개 오면
산위에 올라가
이것저것 주워 모아
누더기 산을 만들어 입혀 줍니다

신이여
미안해 하지 마세요
울지 마세요
이 산이 너무너무 이뻐요
너무너무 아름다워 눈물이 나요

신의 눈물에
상처는 아물고
새살이 살아납니다
나는 이 산이 너무너무 좋습니다

너의 그 괴로운 사랑보다

너의 그 괴로운 사랑보다
더 괴로운 것이 있다면
먼 훗날 너는
그 사랑이 한갓 화학작용이었다는 것

먼 훗날
몇 미리 안 되는 호르몬은 말라 버리고
너의 그 사랑은
얼룩 희미한 쭉정이로만 남을 뿐

너의 사랑은 그렇게 민낯을 보이네
사랑을 괴로워하지 마라
훗날 그것은 그저
주정하고 버린 빈 병이 될 터이니

낙엽 3

살았던 것이 부끄러워
얼굴 붉히며 고개 돌립니다

떠나는 것도 부끄러워
돌아서 떨어져 날아갑니다

살았던 것도 떠나는 것도
왜 이렇게 부끄러운지요

부끄러운 그것이 더 부끄러워
그저 온 산을 붉게 물들일 뿐입니다

발자국 2

추운 눈길을 하염없이 걸었다.
돌아볼걸.
한 번이라도 돌아볼걸.
내 발자국이 어떻게 생겼는지.
남겨지기나 했는지.

눈 오는 날에는 발자국을 내보자.
밖에 나가서 몇 개라도.

들국화

모두가 떠나간 빈 들녘에
한 잎 꽃을 피워 놓고
웃고 있는 들국화

흰 구름만 한가한 빈 들녘에
한 떨기 꽃을 피워 놓고
흥얼거리는 들국화

햇빛도 멀어지는 빈 들녘에
한두 송이 꽃을 피워 놓고
자태를 다듬는 들국화

찬바람만 오가는 빈 들녘에
한 다발 꽃을 피워 놓고
향기 만드는 들국화

하늘 높아지고 찬 바람 불면
온다고 했지요
준비하고 기다리며 가슴 뜁니다

독버섯

독버섯은 이쁘다
누가 흉을 보든 욕을 하든 말든
독버섯은 이쁘다
먹히지 않겠다는 것이 어찌 죄가 되나
자기 몸 자기가 지키는 것인데

독버섯은 이쁘다
습하고 어둡고 지저분한 곳에서 살지만
색색 형형 이쁘다
누구를 맞이하려는지
어디를 가려는지
이쁘게 단장들을 하고 있다

흉보는 자 욕하는 자 가까이 오지 마라
너희가 역겹다
먹으려는 욕구만 가진 것들

어두운 곳에서 독버섯은
끼리끼리 홀로 이쁘다
비 온 날은 더 이쁘다
독버섯 만나러 산속 어두운
습하고 지저분한 비탈로 가자

시멘트벽

하얀 햇볕이 찾아와
부딪혀 흘러내리는
양지쪽 시멘트벽에
나의 가여운 영혼이 숨어든다

햇살을 거꾸로 따라
핼쑥한 겨울 해를 향해
애절히 튼 볼과 손으로
버려진 아이처럼 눈빛을 돌린다

나의 몸은 여전히 춥다
바람을 못 막는다
눈에 보이지 않는 이 추위는
나를 떨게 만든다

해가 지고 밤이 오면
나는 어디로 가야 하나
다만 지금은
하얀 시멘트벽에 흘러내리는
파리한 햇볕 속으로 숨어들 뿐이다

저녁노을 아래 쇠죽 끓이며

겨울 저녁 서산에 노을이 걸쳐 앉아
햇볕이 쓰고 간 잔불을 적선하기에
쇠죽 부엌의 아궁이 씨 불로 지피고
지난날의 추억과 산 날의 흔적을
내세의 만남과 생을 찾아 뒤적이다

숯이 되고 싶은 불붙은 부지깽이로
몰래 묻어 둔 삶과 추억을 꺼내어
군고구마 꺼내 먹듯 군밤 까먹듯
뜨겁게 타버린 껍질은 벗겨 내고
불타다 너무 익은 속살에 회한(悔恨)하다

불타는 아궁이 위 무쇠솥 쇠죽은 끓어
아궁이 불도 부지깽이 불도 꺼야 하고
추운 어둠 피해 자리를 떠야 하는데
타오르던 아궁이 불은 얼굴 뜨겁게
아직 아득한 배고픔으로 남아 있다

새 고구마와 밤알을 아궁이 속에 묻어 놓고
꺼지기 싫은 불길
따라 나올까 다독이며
추위와 바람과 어둑살 속에 돌아서는데
끓고 있는 무쇠솥만 홀로 남아
김을 뿜고 소리 내며 뜨거운 눈물 흘린다

봄눈

겨울바람 가버리고 봄 햇살이 내리는데
뒤쪽에 그늘진 곳
흰 눈이 쌓여 있네

검불 앉아 거뭇거뭇 늙은 모습 역력한데
어두운 상처마다
거즈처럼 덮여 있네

흰 눈은 사라지고 꽃들이 만발인데
눈물 먹고 웃는 꽃들
꽃은 속으로 운다네

꽃 3

꽃은 바람 분다고 떨어지는 것이 아니더라
꽃은 비 맞는다고 떨어지는 것이 아니더라.

가지들이 바람에 휘어져 꺾여질 것 같아도
꽃잎이 비에 잠기고 떨어질 듯 얻어맞아도

꽃잎은 싱싱하고 곱게 자태를 지키고 있더라
꽃잎은 질 때가 되어야 스스로 떨어지더라.

그림자 2

햇빛을 싫어하는 그림자는
언제나 내 뒤에 숨지만
햇빛이 없으면 내게서 떠나간다

햇빛이 보고 싶어 따라나섰다가
부끄러워 숨더니
둘이는 어디로 도망을 갔구나

나는 그저 왜 있는지 모르겠다
중매쟁이도 못 되는구나
사방을 둘러봐도 나 혼자 서 있구나

도망가는 그림자를 잡을 수 있나
뻔뻔하게 돌아오는 햇빛을 막을 수 있나
필요도 없는 그림자를 또 거느릴 밖에

석양에 만물은 긴 그림자를 드리운다
만물에게 자기 그림자는 숙명인가 보다
그때에 나는 어떤 그림자를 드리울 것인가

시계

감아놓은 태엽으로 시계가 돌아가듯이
로보트가 팔을 흔들며 걸어가듯이
나도
감아 놓은 태엽 풀리듯이
다른 생명을 잡아먹고
작동되며 걸어간다

시계는 자기가 시계인지 모른다
시침이 있는지 분침이 있는지 초침이 있는지
숫자들이 그려져 있는지
속에 태엽이 있는지 톱니바퀴들이 있는지 모른다

자기가 무엇에게 무엇인지
자기 하는 일이 무엇인지 모른다
자기의 모습도 모른다
그냥 꾸준히 째깍거리고 톱니가 움직이고 침들이 돌아간다
자기가 그렇게 움직이는지 모른다

시계가
자기가 시계인지 모르듯이
자기가 무엇을 하는지 모르듯이
나도 내가 무엇인지 모르고
내가 무엇을 하는지 모른다
그저 움직이고 무엇인가 하고 있다
로봇이 팔을 흔들며 움직이듯이

풀과 사람

무엇의 장난감인가 무엇의 장식품인가
그냥 돌로 바위로 있어도 될 것을
그냥 물로 구름으로 있어도 될 것을

풀은 왜 생명으로 만들어져서
저렇게 살아서 있어야 하나
죽어서 먼지 되어 사라져야 하나

쓰잘떼기 없이 사람은 왜 만들었나
무엇의 노리개이기에 이렇게
볼품없는 불량품으로 만들어져 있나

세상을 짓고 남은 기릇빠시로 시다가
심심풀이로 만지작하다가 버리고 갔나
그것이 인간인가

5월의 서정(抒情) 2

지는 태양은 왜 그렇게 아름다운지요.
눈물이기에 아름답지 않은가요.
아픔이기에 아름답지 않은가요.

지고 있는 꽃잎은 왜 그렇게 아름다운가요.
말을 차마 못해서 아름답지 않은가요.
잊혀 질 것이기에 아름답지 않은가요.

재잘거리는 실개천은 왜 그렇게 이쁜가요.
흘러가기 때문에 이쁘지 않은가요.
아무것도 모르기 때문에 이쁘지 않은가요.

저무는 서산에 뻐꾸기가 울고 갔습니다.
남의 새끼 죽이고 남의 어미 속인 울음입니다.
오늘은 오월의 마지막 밤입니다.

5부
그림자도 만들어 보고

걸을 수 있을 때 또 일어나 걷자
왜 걸었냐고 묻지 마라
걸을 수 있으니까 걷는 거다

빈 가지

너 떨어져 떠난 자리가
휑하니 빈가지구나

달빛에
너 자는 모습을 보았건만

달 진 밤
흰 눈이 너처럼 내려 쌓이는구나

그리운 것은

그리운 것은 왜 모두
과거에 머무르고 있을까
돌이킬 수 없는

그리운 것은 왜 모두
그토록 아름다운가
비교할 수 없을 만큼

그리운 것은 왜 모두
그토록 아쉬울까
그때 내가 잘못 했을까

그리운 것은 왜 모두
두 번 다시 만날 수 없을까
앞으로도 영원히

그리운 것은 왜 모두
그렇게 깨끗할까
밟지 않은 새벽 눈밭처럼

밟았으면 그립지 않았을까
질퍽질퍽 만신창
녹아 버린 대낮 눈길처럼

그러나 다시 와도 밟지 않았을 걸
그리고 또 그리워하리라

두고두고 아쉬워하리라

그립고 아쉬운 설경 망가질까
아름답고 깨끗한 눈길은
과거에 보관되나 보다

노래하세요

그 목소리 있을 때 노래하세요
시간은 초단위보다 빠르고
목소리는 바뀝니다
그 목소리 그리워 질 때 사용하지 못합니다
그 목소리 있을 때 노래 부르세요
맨바닥에 앉아서 한명의 청중이 될게요
놓치지 마세요
영원히 없어집니다
초 단위 보다 빠르게요
그 목소리 있을 때 노래하세요
세월은 지나는 바람처럼 매정하고
목소리는 구름 없어지듯 사라집니다

이 길은

이 길은 내가 만든 길이 아니다
처음 가는 길이다
어떤 속살거리는 삶이 지나 갔기에
길이 이토록 고울까

나는 앞서 간 삶들을 조심히 호흡하며
그들의 뒤로
위로와 고운 마음에 안기고
곱게 곱게 걸어간다

이 길은 내가 걸어가고 다시는 돌아오지 않을
이국땅의 길
돌 하나 치우고 조심히 밟아 보고 간다
길 들어선 이국인이 나처럼 또 갈 것이기에

유리와 빛

유리를 통과하는 빛이 위대한가
빛을 통과시켜 주는 유리가 위대한 것인가
밤새 생각하다가
또다시 유리를 통과하는 빛으로 인해 잠을 깨야 한다
피곤하고 힘들다

빛을 반사하는 유리가 위대한가
유리에 반사되는 내가 위대한 것인가
나는 거울 속의 가상의 나를 한번 보고
진짜의 내가 여기 있는지
내가 가상이 아닌지 살펴본다

이런 것을 느끼고 생각하는 나는 그냥
제 3의 물질인가 들러리인가
모르는 무엇의 그들의 액세서리인가 장난감인가

유리를 통과하는 하늘을 보고
유리에서 반사하는 나를 보고
나의 가상을 보고 나는 무엇인가
있으면서도 서로 없는 빛

속이 있는 듯 하면서도 속이 없는 유리를 보며
고수들의 싸움은 이런 것인가
저것은 가상이고 이쪽은 진상이다?
그 반대인가

낙엽 이야기

낙엽을 줍습니다
한잎 두잎 세잎… 빨간 노란 파란…
죽으면서까지 이뻐야 한다는 것이 슬픕니다
세상은 왜 이렇게 잔인하게 만들어 졌나요

니체 쇼펜하우어…
금강경 성서… 논어 명심보감…
도록(圖錄) 악보… 노트북 가계부…
그리고 시집(詩集)들 책갈피에 끼웁니다

낙엽들은 그들 책의 한 페이지가 됩니다
낙엽은 곧 모든 글자들을 압도합니다
실전(實戰)에서 살아 온 낙엽인데
시끄럽던 말과 글 정도는 이내 조용해 집니다

운명대로 잎들을 버린 나무인데
난무하는 말과 글의 깔판이 되어
죽어가는 낙엽을 품에 안아 보네요
책은 닫히고 그들의 해후(邂逅)는 영원으로 갑니다

낙엽을 줍습니다 빨간 노란 파란…
병들고 버림받은 낙엽을 줍습니다
죽어 가면서도 이쁘게 보이려는 낙엽을 줍습니다
이 가을이 흰 눈에 덮혀 깊은 잠에 들도록이요

빛 구멍

반지하 방이나
완전 지하 방이나
북향의 방에 살 때
아주 쪼끄만 빛 구멍이 하나 있어
햇빛이 들어 오면
빛줄기가 게쉬타포처럼 들어오면
얼마나 기쁜지
얼마나 이쁜지
그 빛에 얼굴을 갖다 대보고
손을 대 보고
그림자도 만들어 보고
불쌍하게도
내 방에 들어 온 화분을 하루 종일
그 돌아가는 빛점을 따라
옮겨 놓느라 바쁘다
그렇게 나는 즐거웠고
그 방에 사는 내내
행복하고
또 행복했다

아 반푼이들

아
반푼이들
반의 반푼이들
인간은 하나같이 반푼이들이다

각자 인간들은 생각하는 것도 반의 반푼이고
각자든 단체든 행동하는 것도 반의 반푼이다
그 사실을 아는 인간은 몇이나 될까

미완성이라고 자위하는 인간도 있겠지만
완성에 대한 희망은 없다

인간은 반푼이의 역할을 충실히 하면서 존재한다
어떻게 해야 하는가

서로가 합하고 보완하고 많이 모이면 될까
그래봤자 모두 몰락의 길로 갔다

거리에 산에 들에 반푼이들이 붙어서 꼼지락거린다
자기가 무엇인지 모르면서 작동되는거다

온푼이가 되고 싶은 인간도 있지만 헛꿈이다
그래도 나는 한푼이라도 되고 싶어 꼼지락거려 본다

닭

아름답고 건장하고 용맹한
장닭은
여기저기 노력하여 땅을 뒤지다가
지렁이나 굼벵이나
작은 씨앗을 찾으면
꾸꾸꾸꾸 한다.
어디선가 수수하고
덩치 작은 암탉이 나타나서
뒤뚱뒤뚱 발이 안보일 정도로 쫓아온다.
장닭은 찾아낸 수확물을
암탉에게 대견스러운 표정으로 건네고
암탉은 당연하다는 듯이
염치도 없이
그 먹이를 낼름 쪼아 먹는다.
그 모습을 장닭은 지켜본다.
그리고는 또 무엇인가 찾아 나선다.
암탉도 먹었으니
멋쩍게 무엇인가 찾는 것 같다.
장닭은 울타리 밖까지 경계하고
암탉은 장닭을 울타리로 삼고 고분고분 하다.

망치

망치가 있다
망치는 꽁치나 멸치와는 다르다
그러나 무엇이 다르단 말인가

망치는 곰곰이 생각한다
나는 꽁치도 아니고 멸치도 아니고
아니긴 한데 나는 무엇인가

망치가 있다
망치를 잡고 못을 박든지 돌을 깨든지
버려두든지 눈치 없이 있다

망치는 자기를 곰곰이 생각한다
나는 무엇인가 왜 여기 있는가
망치가 생각하다가 녹이 슬어간다

이불

세상에서 나를 가장 따뜻하게 감싸 준 것은
이불이었다

항상 나를 감싸 준 것은 이불이었다

내가 어렸을 때나 늙었을 때나 병들었을 때나
나를 변함없이 감싸 준 것은 이불이었다

그 이불은
어머니가 만들어 주신 거였다

결혼반지

결혼반지 한번 못 껴본 내 손
모조 반지에도 그토록 기뻐했던 내 손

손톱도 참 여러 번 빠졌었지
너 때문에 울어 봤었는지 모르겠다

반지는 때가 있어
이젠 어떤 반지도 기뻐하지 못하리

다 늙은 내 손

쭈글쭈글 뼈만 남아
아직도 맨몸으로 거기서 그러고 있구나

애처롭다 내 손이여
나는 너에게 무엇을 해 줄 수 있으랴

깨진 그릇

길섶에 버려진 깨진 그릇에도
사계절이 지나 갑니다
어쩌면 알 듯도 한
언젠가 본 듯한 풀들이 자라고
꽃을 피웁니다
죽어가고 사라져 간 것도 있지만
살아남은 것은
상처를 입고도 열매까지 맺습니다
다시 그 씨앗이 돋아날지는
알 수도 없고 내 그릇 밖인 듯
못 본 척 그냥 지나갑니다
깨진 그릇에도 비는 내리고 안개가 내리고
햇빛이 지나 갑니다
그것을 받아서 계절을 살아가는 것이지요
잔인한 가을이 오고
겨울이 옵니다
그 안에 먼지가 날아와 쌓이고
찌꺼기가 쌓이고
아
한 세상이 만들어 진 것이 슬픕니다
생명이란 왜 이리 슬픈가요

걸을 수 있을 때

걸을 수 있을 때 원 없이 걷자
끝도 없이 걷고 걸어
인생이 짧아 도착하지 못하더라도

걸을 수 있을 때 끝까지 걷자
아무도 날 기다리지 않더라도
도착해 보니 아무것도 없더라도

걸을 수 있을 때 못 걸을 때까지 걷자
쓰러져서 보니 잘못 왔더라도
되돌아 갈 힘도 남아 있지 않더라도

걸을 수 있을 때 또 일어나 걷자
왜 걸었냐고 묻지 마라
걸을 수 있으니까 걷는 거다

갈 곳 보고도 걷고 갈 곳 없이도 걷자
훗날 늙은 날 피식 웃을 것이다
그때 그 걸음이 나의 생(生)이었구나 라고

귀가(歸家)

내가 찾는 방은 늘 빈방이어서
찾아 올 때마다 어둠만 가득하거나

어떨 때는 달빛이 들어와 누워 있다
어디서 어디로 가는지 바람도 들어와 있다

그들은 내 눈치를 잠시 보다가
아쉬워하는 나를 피하듯 나가 가버린다

달은 어디로 갔으며 바람은 어디로 갔는가
한마디 물어보도 못하고 나만 남아 빈방이다

인생을 끝내고

영혼 - 그런 거 없다고 생각하지만 - 없이
똑같은 동작만 영원히 반복하는
푸른 하늘과 붉은 햇빛과 흰구름
피었다 떨어지는 짓만 계속할 뿐인 꽃들

보이고 느껴지는 것은
의미 없이 돌아가는 그저 환상일 뿐
그런 하늘이 있고 꽃이 있더라
그것도 꿈이든가 그대마저 있었으니

생명은 한 점 눈발이요
세상은 떴다가 사라지는 한 오라기 바람일 뿐
나는 거기에서 무슨 눈물이랴
무슨 고통이고 무슨 기쁨이랴 하물며 영혼이랴

인생이란

인생이란 삶이란 생명이란
먼지 한 점 떠올랐다가 가라앉는 것.
높이 난다고 해서 더 좋을 것도 없고
멀리 간다고 해서 더 나을 것도 없다.

덩어리가 크다거나 작더라도 무의미 하며
색깔이 어떻든 성분이 무엇이든 무의미하다.
먼지는 먼지일 뿐이다

있어도 그만 없어도 그만
세상에 먼지 한 점 굴러 간다고 해서 무슨 의미가 있을까.
가라앉고 나면 그 뿐
그냥 먼지는 없어지고
있는지 없는지 꿈같은 세상만 남아 있다

과객

생글생글 반짝반짝 살랑살랑
흐르는 물은 항상 힘들게 그러고 웃는다

그저 몸을 비틀며 재잘재잘
끝도 없이 돌고 구부리고 일하고 춤춘다

도무지 그 속을 볼 수가 없고
아무에게도 보여주지 않으려 애를 쓴다

바깥세상 모르는 송사리 가재 풀벌레 이무기
물의 품안에서 한 세상 살고 있다

송사리 가재 풀벌레 이무기 당신은 누구요
지나가는 과객이요

물 당신은 누구요
지나는 나그네요

바위 모래 바닥 산길 당신은 누구요
여행객이요

잠깐 어울려 보호하고 안기는
곧 떠날 여행객

나도 너도 지나는 과객
영원 스치는 나그네들

봄 색시

꽃봉오리 피는 꽃가지 아래로 저 멀리 남쪽
가물가물 아지랑이 사이로
나의 색시는 안 보이는 점으로 나타나
보따리 하나 가슴에 안고 찾아오고 있으니

늙은 눈 비비고 보고 혹시나 다시 바라보고
나는 절뚝거리며 바삐 걸어서
무심한 척 무표정하게 마주 가서
멋쩍으니 보따리나 받아 주리다

뭐하러 먼 길 찾아오느냐고 핀잔을 주며
다리 아프지 않느냐고 배고프지 않느냐고
업히라고 굽은 등을 낮출 것이다
보따리에는 저 예쁜 가슴- 저… 뭐랄까

이번에는 그냥 보내지 않으리
말없이 찾아오고 말없이 기다리는 가여운 색시
말하지 않고 묻지 않고 풀지도 않을
내색시 보따리 내 가슴에 받아 안고 같이 걸으며

물을 수 없는 눈물 설움 설렘 희망 기대 죽음의 안식처
이번이 마지막일지도 모를 나의 봄 색시는
그렇게 나의 품에서 잠을 자더라
나는 풀지 않은 보따리만 쓰다듬어 보았다

6부
모두가 쓸쓸히 나를 스치는데

이제 집으로 돌아가야지
흰머리 찬란히 떠날 준비를 하고
백수를 흔들며 먼 우주를 쳐다보고 있다

자고 나니

자고 나니 싹이 빼꼼
자고 나니 파란 잎들

봄비 한번 훌쩍 푸름
뜨는 해에 꽃이 활짝

자고 나니 꽃이 지고
자고 나니 열매 조롱

우리 아빠 정신 없어
아침 저녁 농군 노래

옛날 생각 깊이 잠겨
농사 들밭 꿈에 아롱

백발 주름 늙은 나이
신세 한탄 늦은 각성

귀환 불가 어린 청춘
가고 오는 계절 인생

짙은 봄날 고향 산천

아카시아 숲속 길이 하늘을 덮었는데
하얀 꽃송이들 주렁주렁 동굴 같구나
향기 가득한 꽃그늘 할머니 앉아 쉬던

할머니는 내 모습 애처롭게 보시겠지
꿀벌들이 숨어들고 봄새들이 우는데
누가 알랴 말할 곳 없는 늙은 손자 맘

보라색 오동꽃은 이웃집 아저씨 같은데
아카시아 수줍어 고개 떨궈 안보는 척
흰 치마 추스리며 살랑 바람에 다시 슬쩍

이팝나무 드레스 읍내 노처녀 외론 맘
아무 말 못하고 그저 희게 희게 늙을 뿐
이리 오소 이제는 낯 익히고 친해 봅시다

실개천

실개천 도랑물이
강물 바다보다 못하지 않은데
물이라고 생겨나면
너도 나도 강으로 바다로 가는구나

강을 만나면 너의 생명은
흔적도 없이 휩쓸리고
바다로 가면 거기는
작은 물들의 공동묘지 화장터 납골당

낮은데로 임하는 자세야
힘이 없으니 내려 깔리는 것
햇볕 만나 공기 만나
위로 올라가는 법도 있지만

몸은 여전히 무거워
하늘을 날다가 결국 추락하네
물의 운명은 가여워라
돌고 돌아 아래로만 숨어 드네

솔개

솔개인지 새매인지
하늘 높이 떠서 돌고 있다
이쪽으로 돌았다가 반대로 꽂히고 빠르기도 하다
저기에는 아무것도 없을텐데
그 속을 알겠는가

눈이 좋아도
하늘 높이서 빠르게 회오리치며
아래 땅 쪽에서 무엇을 찾을 건가
먹인가 짝인가
점점 빠르게 맴돌며 하늘 위로 자꾸 올라가니

오 그냥 살아 있으매
날아 보고 싶어서 그러나
날지 못하고 떨어져 죽어 날개 접을 날 오기 전
날자 날자 날아 보자
하늘 끝까지 솟아 벗어나자

가을 길 서정

부서져 흩어지는 가을 햇빛
살랑 흔들리는 흰색 들국화

말라가는 풀 이끼진 둥근 바위
오솔길을 걷는 이름 없는 사람

모두가 쓸쓸히 나를 스치는데
나는 아무도 친구라고는 없네

사람이 있으면 친구 되려나
사람 있으면 더 먼 하얀 시간

나는 어디에서 누구와 헤어져
누가 오가던 가을 길 앉아 있나

모두가 떠난 마지막 가을에
혼자 남아 외로이 하늘을 보네

낙엽 4

낙엽이 떨어지면 어디로 가야 하나
온 세상 전부라 믿고 살았던
나뭇가지도 나를 잡지 않고

가지는 빈 가지 되어 윙윙 흔들리고
나는 떨어져 눈치만 보는데
지나가던 바람에 손 잡혀 굴러 가네

생각 못한 세상 따라 낙엽이 되어
구르고 젖고 눈송이에 위로 받다가
그리운 나무 그리며 홀로 잠이 드네

눈이 오는데

죽어간 영혼들이
눈이 되어
내려오고 있다

얼마나 많은 영혼들이
죽어 갔길래
이 추운 겨울에
저렇게 많은 눈이 고향 찾아 내려올까

저 틈에
내 영혼도 하나 끼어 있을까

구름 1

아무것도 보이지 않아
구름만이 아름다운 그곳
햇빛과 구름만이 장난치며 노니는 그곳
내 마음은 거기에서만 머물러라

그곳에 넓은 땅이 있거늘
내 땅이 아니어서 아름답다 못하네
그곳에 꽃이 피거늘 남의 땅의 꽃이라
마음대로 아름답다 못하네

마음 놓고 흐르는 물이여
날아가는 나비여 지저귀는 새여
너희들은 누구의 것이요
나는 그것조차 몰래 보고 있네
남의 땅 구경하듯이

가난한 자의 마음이여
못 가진 자의 애처로움이여
내게는 내 것이 아무것도 없구나
아름다움도 예쁨도
언젠가는 저 구름도 햇빛도
못 보게 되겠지
자기 것이라고 울타리를 치겠지

벚꽃

벚꽃은 일사불란하다
군 작전하듯 온 천지를 불꽃으로 폭발한다
탱크 소리 군화 소리 없이 어느새 습격하여 점령한다
고래고래 소리치며 포탄 소리 총알 소리 난장판이다
화산재 떨어지듯 함박눈 떨어지듯 잔해가 날려 뒤덮인다
눈 밟히듯이 전쟁터 시체 널리듯이 도처에 뒹굴고 널브러져 있다
빗속에 설탕 녹듯이 눈 녹듯이 사라진다
군 작전하듯 기척도 없이 밤새 철수하고 없다
난장판 친 찌꺼기도 곧 제거되고 국방색으로 엄폐한다
눈 깜짝할 사이에 작전은 끝나 버렸다
어리둥절하여 여운도 남지 않는다
무슨 일이 일어났던가
아무도 말하지 않고 생각지도 않는다

낙엽 떨어지는 인생길

낙엽 떨어지는 인생길을 혼자 걸어 보다
거기에는 낙엽 굴리는 바람이 있다
무엇을 말해 주는구나
너는 외롭다
너는 혼자다
너는 무엇이뇨
너는 누구이뇨
너는 어디로 가는 중이뇨
어디로 갈 것인가
낙엽 날아 떨어지는 인생길을 혼자 걷는다
갈 곳도 모르면서 혼자 걷고 있다
왜 여기서 이러고 있는가
바람이 불고 해가 진다
새도 떠나고
꽃도 떠나고
생각할 사람도 떠나고
내 몸은 혼자다
영혼이 있는지 모른다
영혼이라도 있다면 이야기 친구라도 되련만
허언이나 그냥 지나가는 소리일 뿐이라도

상처를 안고 사는 슬픔

모든 생물이 다 그렇지요
자라다가
가지가 잘리면
아프지요
상실감과 좋지 않은 모양에
마음이 바로 있지를 못하지요
시간이 가면요
받아들이는 수밖에요
잃어버린 그 가지를 떠 올리며
좋았던 꿈을 상상하지요
시간이 가면
잊혀 지기도 하고
적응되기도 하지요
나는 원래 이래
가지가 없는 것이
나야
아프지 않아
그것이
모든 생물이 살아가는 현실이지요

담쟁이 2

그런데 아 이 병든
몸이여 병든 얼굴이여
슬픈 미소여
존재의 운명은 왜 이렇게
잔혹한지
얼마나 아픈 삶을 살았으면 저렇게
한 없이 빨갈까
병든 얼굴을 하고 병든 몸을 하고
그래도 웃으며 나를 맞는구나
도저히 이쁘다고 말 못할
너의 아픈 미소 아픈 삶 아픈 일생
나만이 서서 보는구나
남의 집 담벼락에 붙어 살려고 살려고
천하의 미물처럼
배암처럼 지렁이처럼 거머리처럼
햇빛 비끼는 담벼락에 바람도 슬쩍 비켜 가는데
그러나 이쁘려고
어떻게 하든 이쁘려고
애써 웃음 웃어 보지만
늦가을 저물녘 찬바람 스쳐가듯 쓸쓸할 뿐
눈물 서릴 뿐
내가 전해 주마 그 이에게
지나는 바람에게
너는 이쁘다 너는 이뻤다고

억새 1

이제 집으로 돌아가야지
흰머리 찬란히 떠날 준비를 하고
백수를 흔들며 먼 우주를 쳐다보고 있다

한 일생만 견디면 구조하러 온다고 했다
백발이 되는 날 데리러 온댔다
날 받아 준 땅이여 찾아오던 바람이여

여위고 강력한 풍채에 녹슨 총검 걸치고
찬바람에 호달리며 넘어지며 일어나며
햇빛을 산산이 깨뜨리며 먼 데만 보고 있다

열매

가을이 떠나가고
겨울눈이 덮이도록 매달려 있었지만
아무도
쳐다보지 않고
데려가지 않고 먹지도 않고
팔리지도 않는 이 생명을
아 아
홀로
목을 따고 가슴을 쪼개고
배를 따개어
터뜨리고 끄집어내어 쏟아내다
키워온 모든 것을 살아온
모든 것을
갖고 있던 몸까지 떨어뜨리다
처절토록 힘들었던 생명을
끝내고 있도다

땅이여 하늘이여 숲이여 바람이여
내가 없어도 나는
꿈을 꿀 수 있습니까
내 한 세상 내 한 생명
쌓아오고 키워오고
간직해 온 내 작던 있음은 사라지오
아무것도 원하지 못하고
원망치 못하고
홀로

보는 이 없이
홀로
오 오
저 대폭발 같은 최후의 태초!

주름산

주름 많은 산이 품을 줄 안다
작은 풀들도 깃들고 나무들도 깃들고
벌레도 깃들고 새들도 깃들고
다람쥐도 깃들고 호랑이도 깃들고

젊을 때의 부드러움은 산전수전 하다가
다 깎여 나가고 지금은 깡골만 남았지만
주름 주름 사이에 남아 있는 상처 속에
세상에서 쫓겨 온 생명들이 모여 삶을 꾸린다

주름 많은 산은 고생도 많고 굴곡도 많았지 않은가
왜 저것들은 반들반들 잘생긴 산으로 가지 않고
이렇게 한 많은 늙은 산으로 기어드는가
주름 많은 산은 말년도 고생이로다

시와 호수의 봄날

시는 맑은 호수가 흰 구름을 자기 안에 빠지게 한다
시는 잔잔한 호수에 물결을 깨워 반짝이게 한다
시는 물풀과 물새가 이유 없이 시시덕거리게 한다
시는 나룻배가 일렁이며 먼 마을로 떠나게 한다
시는 물결 위의 꽃잎을 돛단배처럼 돌아오게 한다
시는 뚝방 풀잎을 고요히 떨게 하는 포근한 봄바람이다
시는 풀섶의 제비꽃이 기뻐 고개 숙이게 하는 봄햇볕이다
시는 물가 버들에 아기 싹이 잠깨어 해맑게 웃게 한다
시는 정숙한 벚꽃이 발가벗고 희게희게 하품하게 한다
시는 메마른 청춘에게 물가에서 시를 쓰게 한다
시는 한낮에도 봄날에도 가을의 석양이 지게 한다
시는 시를 찾는 여인의 기나긴 역광을 그리게 한다

찔레

현기증 나는 그 향기와
그저 그런 흰 꽃과 꽃술
별것도 아닌 잎과 줄기
맛도 모양도 입감도 끌림 없는 빨간 열매
괜히 가시를 쳐놓았다
자아도취인가

먼 먼 조상 때부터 그래왔으니
틀림없이 무슨 사연이 있을 거다
자기가 왜 가시가 있는지 대답 못하지만
자손들에게 말한다
틀림없이 사연이 있을 거라고
인기에 시달렸거나 적이 많았거나

지리산 천왕봉에서

내가 가야 할 산이 저렇게 많은데
밟아 보고 돌아 볼 인생은 남아 있지 않도다

잠들 듯 누워서 나를 기다리고 있는데
막걸리 한 되 사가지고 찾아 가고 싶구나

마음만 그러할 뿐 이승에서는 못갈 것 같다
저승에서 만나면 반드시 찾아 가리

올라 보고 걸어 보고 드러누워 보고
내고향 내 어머니 집 찾아 온 듯 편안히 쉬어 보리

꽃이 피면

꽃이 피면 누구에게 말하고 싶고
달이 뜨면 누구에게 말하고 싶고

비가 오면 누구에게 말하고 싶고
눈이 오면 누구에게 말하고 싶고

해가 지면 누구에게 말하고 싶고
바람이 불면 누구에게 말하고 싶고

말할 사람이 없어 혼자 삭이다가
이제 지쳐서 본듯 만듯 합니다

7부
사라져 버린 전설과 이름들

겨울이 오고 찬바람이 불면
꽃 떨어지고 해 떨어지고
우리도 떨어진답니다.

늦매미

자기 시기 다 가고 늦게 나와서
그래도 여름 노래를 부르는 늦매미는 쓸쓸하고 안타깝다
햇빛마저 떠나가느라 차가워지고
천지에 찬바람 불고 있는데
뒤늦게 여름 노래라니.

남들은 다 떠나가고 없는
버리고 간 세상에
그래도 혼자 남아 마지막 여름 노래를 부른다
누가 들어 줄까 누가 찾아올까
해가 지고 어둠이 오고
텅빈 나무에 찬바람 스민다

빈 둥지 남기고

제비가 길 떠나듯
우리는 떠나야 한다
떠나보내야 한다
내년에 다시 올지 못 올지 약속할 수 없는 이별을 해야 한다
제비는 어디로 가서 무엇을 하면서 살지 알 수 없다
제비가 노래하듯 우리는 노래해야 한다
다시 올지 못 올지 모르고
우리는 노래해야 한다

세상

낡고 빛바랜 옛바람처럼
사라져 버린 전설과 이름들
내 기억에만 남아 있고
아이들에게는 무슨 소리인지 모르는
파란만장한 인생들
쓰나미되어 쓸려 가면
휑한 빈터.
누구 기억할 필요도 없고
기록될 필요도 없는 세상과
수많은 괴롭고 처참한 눈물의 인생들.
바깥세상은 변화되어
내가 살 곳이 못되는 석고덩이 같은 세상
의미 없고 감정 없는 소리 빛 촉감같이 말라
소멸되는 인생.

떠나가리

떠나가리
다 털고 떠나가리
세상은 행복할 필요도 없고
고통일 필요도 없는 것
눈물도 웃음도 무의미한 것
다 허황된 것
다 털고 떠나리

목련 목

오월의 햇볕이 대책 없이 터져 내리는 앞뜰
온 몸 근질거려 신나게 자라 오른 목련 목

누구의 눈엣가시인가 몸통마저 가지 잘려
한탄할 계제 아니로다 남은 몸통에 꽃을 달아

아침 해에 함초롬히 이슬 말리며 버티도다
한낮의 해가 불타다 제풀에 지쳐가는 오후

순결 지킨 몸 지나가는 봄빛을 멍하니 보도다
눈빛만 보내던 꽃이 덩치 못 이겨 떨어지다

구름 2

구름이 내게 묻기를
너는 어디서 와서 어디를 가는 중이냐
나는 한참 생각하다가 모른다오

구름이 내게 묻기를
너는 무엇이며 왜 거기에 있느뇨
나는 한참 생각하다가 모르겠어요

구름이 내게 묻기를
너는 어디에 있는 중이뇨
나는 한참 생각하다가 모르겠습니다

구름은 내게 말하기를
눈 떼지 마라 나는 금방 사라질 것이니
지나가는 중이지 있는 것이 아니란다

나목이 되다

내리비치는 가을 햇빛이 눈부시다.

나무가 옷을 벗고 신발을 벗고 화장을 지운다.
할 일 다 하고 돌아온 나무는 아름답지 않은가.

겨울 하늘에 몸을 담그고
하얀 눈으로 비누칠해서 찬바람에 몸을 씻고
바람소리 철새소리를 자장가로 들으며
세상일을 떠나 긴 잠에 든단다.

아 다시 올 새봄으로 나가서 일을 할 때까지.

가을이 가기 전에

우리
보고 싶지 않나요.
보고 싶을 때 보아요
이 가을이 가기 전에.

뜨겁던 여름은
폭풍처럼 지나갔고
기억 속에서만 아련합니다.

우리, 보고 싶을 때 보아요
만나고 싶을 때 만나요.
겨울이 오고 찬바람이 불면
꽃 떨어지고 해 떨어지고
우리도 떨어진답니다.

우리에게
다시 올 봄이란 없답니다.
이 땅에는 사계절이 반복되지만
우리에게는
사계절은 한 번 뿐이랍니다.

우리 만날 때
무엇을 주고받을까요.
가진 것이라고는
떨어지는 빨간 낙엽뿐이군요.

우리, 좀 더 가까이서 보아요.
예쁘게 떨어져 내리는
낙엽이라도 선물로 주고받으며.

우리, 같이 걸어요
이 가을이 가기 전에.

억새 2

새하얗게 머리가 헝클어져 있다.
삼베옷 같은 갈빛 옷을 입고 있다.

움직일 때마다 서걱서걱 한다.
금방 풀한 무명 모시 삼베치마 스치는 소리다.

바람이 일면 이는 대로 서러럭 서러럭 휘청이다가 일어선다.
밤 깊도록 길쌈하고 베 짜는 소리고 모습이다.

찬바람이 불면 그르럭 그러럭 소리가 난다.
기침에 가래 끓는 소리다.
사각 사각 소리가 난다. 힘들게 쉬는 숨소리다.

흰 서리가 내리면 서그럭 서그럭 소리가 난다.
칼 가는 소리다. 운명에 대한 원한이다.

건드리면 손이나 종아리를 베이기도 한다.
늙어서도 날이 서있는 것은 험한 생을 살아 온 소치이다.

흰 머리를 산발하고 몸부림치며 울부짖는다.
두 손을 훠이 훠이 내저으며 운다.

햇빛을 머리에 이고 찬란히 빛난다.
그나마 갈빛 옷이라도 입고 있다.

가지枝

먼 지평선을 하루 종일 바라보며
아무도 오지 않는 산 위에서 홀로 외로워 하다가
어쩔 수 없이
햇볕과 바람과 산새를 벗하며
하루
하루
뜨는 해를
지는 해를 바라보아야 한다.

자기의 뜻인지 단순 노예인지
겨울이 끝나가면
어쩔 수 없이
봄을 준비한다.
또다시 꽃을 피운다.
그러다가 또 먼 지평선을 바라보고 있다.

줄기와 뿌리에게 버림받을 때
이젠 꽃 피우기도 끝났다.
봄이 와도 아무것도 하지 않는다.
가지는
바싹 마른 삭정이가 되어
아직은 그래도 나무에 붙은 체
또 저 먼 곳을 하루 종일 바라본다.

죽어서도
또
그 무엇을 기다리는가.

이것은 나의 커피이다

이것은 나의 커피이고
이것은 나의 연필이다.

이것은 나의 손이고
이것은 나의 발이다.

이것은 나의 배이고
이것은 나의 가슴이다.

이것은 나의 머리이고
이것은 나의 눈이다.

이것은 나의 촉각이고
이것은 나의 시각이다.

이것은 나의 정신이고
이것은 나의 마음이다.

이것은 나의 생각이다.
이것은 나의 감정이다.

이 모두는 나의 것인데
나는 어디에 있는가.

나의 것은 있는데
나는 어디로 갔는가.

나의 몸은 이렇게 생겼는데
나는 어떻게 생겼는가.

나는 어디에도 없는데
나의 것을 가지고 생각하고 있는 너는 무엇인가.

나의 눈을 가지고
저 건너 아름다운 산과 마을을 보고 있는 너는 무엇인가.

내 몸을 가지고
창가에 앉아 커피를 마시고 있는 너는 무엇인가.

염라대왕과 나

근무를 끝내고 염라대왕에게 귀환하면
임무 완수하고 왔습니다.
완벽하게 했느냐 하면
하루도 쉬지 않고 성실히 했습니다.
임무가 어떻더냐 하면
혐오스럽고 슬프고 비참하였습니다.
다시 해보겠느냐 하면
다시는 안하겠습니다.

왜? 하면
세상을 뭐 저따위로 만들었습니까?
내가 만든 것이 아니다 하면
만든 자는 어디에 있습니까?
나타나지 않는다 하면
만들어 진 것이 아닙니다.
무슨 말이냐? 하면
만들었다면 저렇게 엉망일 리가 없다는 것이지요.

뭐가 엉망이더냐? 하면
생명이 생명을 죽이고 먹게 되어 있는 것 말입니다.
그게 그렇게 나쁘냐? 하면
염라대왕을 죽여 볼까요? 죽여서 먹어 볼까요?

임무가 무엇이었느냐 하면
다른 생명을 죽이고 먹고 배설하는 일이었습니다.
그것뿐이냐? 하면

그 외는 임무를 위한 수단이고 근무이탈을 막기 위한 미끼일 뿐이었습니다.

약속

우리를 지치게 만들던 태양은
벌건 눈물덩이 되어 가라앉고 있다.
자신이 만든 구름을 붉은 빛으로 물들이며.

자기를
원망스럽게 또는 애처롭게 쳐다보는 세상을 향하여
말 못 하는 표정으로 대신 말하며.

원망으로, 실망으로, 희망으로
세상은 또 기다려 본다.
저 태양을 쳐다보며. 지고 있는.

태양은 최선을 다했을지도 모른다.
그러나 모두들 사라져 갔다.
그들은 아무도, 아무것도 다시 오지 않았다.

내일 다시 태양이 떠오른다고 하더라도
우리는 영원이라는 것은 없다는 것을 알고 있다.
차라리 영원은 없다고 말해 버리면 태양도 편하지 않을까.

사실, 세상에 영원이 뭐 필요한가
영원은 없었다. 약속은 없다.
태양은 자신이 눈물 되어 가라앉는다.

우리는 혼자라는 것을 안다. 사라져 가는.

있는 나 사라진 나 그리고 너와 나 그.
사라져 가는 아름다움으로 영원보다 귀한 것을 약속한다.

외롭다는 것

해맑은 아침 가을
아직은 따가운 햇볕이 방안을 가득 메우며
나의 방바닥에 길게 드러누울 때.
고요한 방안에 먼지 하나 일지 않을 때.
어디선가 전화 한통 오지 않고

오랫동안 키워온 국화가
드디어 혼자 첫 꽃망울을 피우기 시작할 때.

무엇보다 가을바람이 불 때.
모두가 떠나가고
나 혼자 남아 서쪽하늘을 바라보고 있을 때.

지친 계절 다 지나가고
이제 막 문을 닫을 때쯤
어둑한 하늘에서
기다리지 않았지만 흰 눈이 내릴 때.

어둠이 덮이는 길거리에서
문득 갈 길 없이 혼자일 때.

어디 전화할 곳 하나 없고
찾아갈 곳 하나 없을 때.
할 일 하나 없고
그리워할 꺼리조차 하나 없을 때.

그것은 외로움이다
나는 어쩔 수 없이 아름답다 할 것이다.
아마 나는
아름다움에 지쳐 죽을 것이다.

행복이나 기쁨이

행복이나 기쁨이
감당 못할 희열이나 마춰나 환각이라고 할 때
나는 내가 감당 못해서
괴로워했던 나날들을 고마워해야 하는가.

아침마다 밤을 쫓아내고 몰려오던 햇빛과 하루
광대하게 주어진 대지와 하늘과 공기와 온갖 만물들.
나는 이 황홀한 무대를 어떻게 할지 몰라
얼마나 당황스러워 하고 괴로워하고 고통스러워했던가.

대책 없이 밀려오는 이 빛의 대낮
무겁게 세상을 침잠해 버리는, 이 없음의 대왕 한밤
나는 이것을 감당하지 못해
말 못하는 연사처럼
표현 못하는 시인처럼
노래 못하는 가수처럼
얼마나 자괴감에 자학 했던가.

그러나 말 모르고 글 모르고 노래 모르는
옛 시골의 늙은 농부의 아낙처럼
하염없이 바라보기만 해도 얼마나 행복한가.

이 감당 못할, 내 앞에 주어진 광대한 만물들이여.
차라리 나는 그 시골의 늙은 농부의 아낙처럼
하염없이 바라보고만 있으련다.
가끔은 의미 모를 소리라도 질러보고 머리 감싸고 울어

보련다.
모름의 황홀이여!
감당 못함의 행복이여!

오늘

세상은 왜 이렇게 밝은지요
감당하지 못할 정도로 밝습니다
나보고 어쩌라는 겁니까
아무것도 할 것이 없습니다
내 죽는 날도 이렇게 밝겠지요
그이가 마지막 말 남기고 가신 날도 참으로 밝았지요
말할 것이 없습니다
슬퍼할 수도 화낼 수도 따질 수도 없습니다
찬양할 수도 없습니다
오늘은 참으로 밝습니다
가득 나뭇가지에 붉은 단풍은 어젯밤
바람에 다 떨어지고 가지와 열매만 앙상히
드러났습니다
그러니 그것이 어쨌다고요
없어진 잎을 슬퍼해야 하나요
남은 열매를 이뻐하거나 측은해해야 하나요
도대체 나보고 무얼 어쩌라고 세상은
바람 불고 밝은 것인지요
이날은 정녕 나를 위한 것이 아니군요
남의 나라 날인데 내가 남의 것을 보고 있군요
그래요 착각하지 않겠습니다
이 밝은 날은 내 것이 아니므로 보는 것도 죄입니다
나는 느끼고 생각하고 말할 자격에서 제외됐으니까요

해우소

법당보다 부처보다 스님보다 더 절실하고 고마운 곳
그래서 줄을 서서 끝까지 자기 차례를 기다리는 곳
누가 지었는지 해탈의 경지에 이르신 분이 아닐까?
解憂所…
각자 다른 곳에서 다른 사람과 다른 생각을 하면서 다른 것을 먹고서는
모두 한곳에 모여 똑같은 짓을 한다
단 한명에게라도 解愚所가 될 수도

사람들은 어떤 걱정이 해소 됐을까
생명을 죽여 씹어 먹은 시체를 뱃속에 담아 가지고 다니다가
남 안보는 곳에 몰래 배출해 버렸다는 것이 걱정 해소일까
시체 담은 뱃속을 비웠으니
또 죽여서 갈아 먹을 수 있다는 기쁨이 기다리고 있어서 해소일까
오래 오래 그렇게 할 수 있을 것 같아서 해소일까
타의 생명을 갈아서 먹어야 하는
천형(天刑) 지형(地刑) 인형(人刑)을
다른 동물식물과 똑같이 가지고 있다는 것을
사람들은 몇 명이나 자각하며 살고 있을까

걱정하라
우리는 왜 남을 끝도 없이 죽여만 하는지를

괴로워하라
살고 싶은 이 타고난 원성(原性)을

자괴하라
인간이란 남의 생명을 갈아 없애는 그저그런 기구에 불과 하다는 것을

고상할 것도 고등할 것도 없는 그저 불완전한
불량 생성 품이라는 것을

사람은 무엇을 걱정해야 하고
무엇을 해소해야 하는지 아는 자 못 보았다

작/품/ 해/설

북창에서 들려주는 디오니소스의 향연

김영태
(명예문학박사·전_문학비평가협회 부회장)

우리가 사는 세상은 이제 더 이상 우리가 상상하고, 알고 있던 세상이 아닐 수도 있다. 자연과 생명 그리고 모든 것들이 가지고 있는 내면의 본질과 본성이 현대가 요구하는 발전에 따른 물질과 이윤 추구에 밀려 훼손되고 변질되어, 지금의 세상은 자연이 추구하는 조화와 균형을 잃어버린 채 물질만을 중심으로 돌아가는 기계적인 시스템으로 변모해버렸다. 이렇듯 자연과 생명이 지닌 고유한 가치가 물질만능주의에 희생되면서, 우리는 고립된 섬처럼 세상과 단절된 채 탐욕의 바다에서 허우적대고 있다. 하지만 이 깊은 어둠 속에서도, 두 눈을 크게 뜨고 바른 세상을 향해 나아가려는 이들이 바로 시인이다.

안현근 시인이 시집<<북창의 달>>에서 자연, 생명, 그리고 인간의 내면을 깊이 성찰하며, 이를 통해 따뜻한 인간애와 삶의 의미를 탐구하고 있다. 특히 소외되고 약한 존재들에 대한 연민과 더불어 그들의 아름다움과 가치를 발견하고자 하고 있다. 이것은 눈 감은 세상에서 빛을 밝히며, 다른 이들의 손을 잡고 함께 세상을 바라보도록 이끄는 행위와 같은 것이다.

높게 난 작은 창으로 찾아오는 나의 달이여.
구름 사이로 좀 일그러진
노랗고 아름다운 나의 달이여.

작은 북창으로 구름에 가려 누추하게
자정이 넘은 밤중에
나의 방바닥을 만져보고는
힘없이 멀어져 가는 나의 달이여.

기다리고 있을테니
작은 창으로 오지 말고 큰 정문 창으로 오시오.
눈물 어리게 고운 나의 달이여.
<북창의 달>전문

안현근 시인의 시집<<북창의 달>>에 실린 표제시이다. 안현근 시인은 <북창의 달>에서 작은 창문을 통해 비춰지는 달을 의인화하여 따뜻하고 정서적인 분위기를 자아내고, 달을 통해 고독하고 소외된 자신의 내면을 투영하며, 동시에 희망과 위로를 갈구하는 모습을 보여준다. 또한 현실의 어둠 속에서도 아름다움을 찾아내고, 그것을 시라는 언어로 표현함으로써 독자들에게 위로와 공감을 전달하고 있다. 결국, <북창의 달>은 작은 창문과

같은 시를 통해 세상과 소통하지만, 시를 통해 우리 모두의 마음속에 희망의 빛을 밝히고자 하는 시인의 따뜻한 마음을 담고 있는 것이다.

빨간 저녁노을의 저쪽은
새 세상의 여명이라고

모두들 노을속의 점이 되어 가지만
나는 저쪽 세상도 여명도 싫어

힘들게 힘들게 날아 가다가
서산에 곱게 떨어져 죽는 새.
<새>전문

저녁노을 아래 펼쳐지는 <새>는 삶과 죽음, 현실과 이상에 대한 깊은 성찰을 담고 있다. 붉게 물든 노을은 아름다움과 동시에 삶의 유한함과 현실의 고달픔을 상징하며, 시인은 새라는 매개체를 통해 삶의 고된 여정과 죽음을 맞이하는 순간을 형상화하였다.
힘겹게 날아오르는 새는 마치 삶의 고난을 헤쳐 나가는 인간의 모습을 투영하고 있다. 하지만 결국 서산에 떨어져 죽는 새의 모습은 삶의 유한성과 무상함을 암시하며, 삶의 의미에 대한 근본적인 질문을 던지고 있는 것이다.
<새>는 단순히 죽음과 삶에 대한 철학적인 고찰을 넘어, 현대인들이 겪는 고독과 소외감, 그리고 삶의 무의미함에 대한 공감대를 형성하고 있다. 빠르게 변화하는 현대 사회에서 우리는 끊임없이 목표를 향해 달려가지만, 정작 삶의 의미를 놓치고 살아가는 경우가 많다. 시인은 이러한 현실 속에서 잠시 멈춰 서서 삶의 의미를 되돌아보고,

자신만의 답을 찾아야 한다고 말하고 있는 것이다.
<새>는 짧은 시 속에 깊은 철학적 사유를 담아내며, 현대인들에게 삶의 의미를 되새기게 한다. 아름다운 자연을 배경으로 인간의 삶과 죽음, 그리고 존재에 대한 근본적인 질문을 던지며, 우리에게 삶의 소중함과 유한성을 일깨워주고 있다.
<새>는 단순히 아름다운 문장의 나열이 아니라, 삶의 고뇌와 성찰을 담은 진솔한 자기 고백이다. 그 고백을 통하여 독자들에게 깊은 감동과 여운을 선사한다. 시인은 이 시를 통해 우리 모두에게 삶의 의미를 찾아가는 여정에 동참하도록 초대하고 있는 것이다.

근무를 끝내고 염라대왕에게 귀환하면
임무 완수하고 왔습니다.
완벽하게 했느냐 하면
하루도 쉬지 않고 성실히 했습니다.
임무가 어떻더냐 하면
혐오스럽고 슬프고 비참하였습니다.
다시 해보겠느냐 하면
다시는 안하겠습니다.

왜? 하면
세상을 뭐 저따위로 만들었습니까?
내가 만든 것이 아니다 하면
만든 자는 어디에 있습니까?
나타나지 않는다 하면
만들어 진 것이 아닙니다.
무슨 말이냐? 하면
만들었다면 저렇게 엉망일 리가 없다는 것이지요.

뭐가 엉망이더냐? 하면
생명이 생명을 죽이고 먹게 되어 있는 것 말입니다.
그게 그렇게 나쁘냐? 하면
염라대왕을 죽여 볼까요? 죽여서 먹어 볼까요?

임무가 무엇이었느냐 하면
다른 생명을 죽이고 먹고 배설하는 일이었습니다.
그것뿐이냐? 하면
그 외는 임무를 위한 수단이고 근무이탈을 막기 위한 미끼일 뿐이었습니다.
<염라대왕과 나>전문

위 시는 염라대왕과의 대화라는 독특한 설정을 통해 현대 사회의 모순과 인간 존재의 의미를 깊이 있게 탐구하고 있다. 시인은 염라대왕에게 보고하는 화자를 통해 현대 사회의 비인간적인 측면을 날카롭게 비판하고, 삶의 의미에 대한 근본적인 질문을 던진다.

시인은 '생명이 생명을 죽이고 먹게 되어 있는 것'이라는 현실에 강한 회의감을 드러낸다. 이는 단순히 먹이사슬의 순리를 넘어, 인간이 다른 생명을 함부로 다루고 착취하는 현대 사회의 모습을 비판하고 있는 것이다. 염라대왕에게 '염라대왕을 죽여 볼까요? 죽여서 먹어 볼까요?'라는 도발적인 질문을 던짐으로써, 생명의 존엄성에 대한 의문을 제기하고, 모든 생명이 평등해야 한다는 메시지를 강조하고 있다.

시인은 '임무가 무엇이었느냐 하면/다른 생명을 죽이고 먹고 배설하는 일이었습니다'라는 구절을 통해 현대 사회의 경쟁적인 구조를 비판하고 있다. 생존을 위한 경쟁에서 살아남기 위해 다른 생명체를 희생하고, 결국 자신

또한 희생되는 비극적인 상황을 보여준다. 이는 마치 기계처럼 끊임없이 돌아가는 사회 시스템 속에서 인간의 존엄성이 얼마나 훼손되는지를 보여주는 것이다.
<염라대왕과 나>는 현대 사회의 소외된 개인이 느끼는 허무감과 고독을 생생하게 드러내며, 동시에 인간 존재의 의미와 가치에 대한 깊은 성찰을 요구하고 있다. 시인은 염라대왕과의 대화라는 독특한 방식을 통해 인간의 삶을 비판적으로 성찰하고, 더 나은 세상을 향한 희망을 제시하고 있다. 이 시는 우리에게 끊임없이 경쟁하고 소비하는 현대 사회의 가치관을 다시 한 번 되돌아보고, 진정한 행복과 의미를 찾기 위해 노력해야 한다는 메시지를 던진다. 또한, 모든 생명체가 공존하는 더 나은 세상을 만들기 위해 우리 모두가 노력해야 한다는 것을 강조하고 있는 것이다.
<염라대왕과 나>는 단순한 상상력을 넘어, 현대 사회의 문제점을 날카롭게 비판하고, 인간 존재의 의미를 깊이 있게 탐구하는 작품이다. 시인은 이 시를 통해 우리에게 삶의 의미를 되묻고, 더 나은 세상을 만들어 나가기 위한 용기를 북돋아 주고 있는 것이다.

안현근 시인은 현실의 다양한 모습들을 관찰하고, 그 속에서 보편적인 인간의 감정과 삶의 의미를 발견한다. 시인의 시는 개인적인 경험과 감정을 바탕으로 하지만, 동시에 우리 모두가 공감할 수 있는 보편적인 주제를 다루고 있다. 즉, 시인은 현실 속에서 발견한 아름다움과 슬픔, 희망과 절망을 시라는 예술적 형식을 통해 승화시켜 독자들에게 전달하고 있는 것이다.
안현근 시인은 자연과 인간에 대한 깊은 성찰을 통해 삶의 의미를 탐구하고, 따뜻한 인간애를 노래하는 시인

이다.

시인의 시는 우리에게 삶의 소중함을 일깨우고, 어려운 시기에도 희망을 잃지 않도록 용기를 주는 메시지를 전달하고 있다.

살아가다가 삶이 힘들어 지치고, 목적과 목표를 잃어버릴 때 안현근 시인의 시집<<북창의 달>>을 읽으면, 삶에 대한 용기와 희망을 주고, 잃어버린 감성과 이상을 일깨워 건강한 삶에 도움을 줄 것이라 독자에게 일독을 권한다.